Johann Loserth

**Das St. Pauler Formular**

Briefe und Urkunden aus der Zeit König Wenzels II

Johann Loserth

**Das St. Pauler Formular**
*Briefe und Urkunden aus der Zeit König Wenzels II*

ISBN/EAN: 9783743374591

Hergestellt in Europa, USA, Kanada, Australien, Japan

Cover: Foto ©ninafisch / pixelio.de

Johann Loserth

**Das St. Pauler Formular**

# DAS ST. PAULER FORMULAR.

## BRIEFE UND URKUNDEN AUS DER ZEIT KÖNIG WENZELS II.

GEFUNDEN UND HERAUSGEGEBEN

VON

### D<sup>R.</sup> JOHANN LOSERTH,

PROF. DER GESCHICHTE AN DER UNIVERSITÄT GRAZ.

HERAUSGEGEBEN VOM VEREIN FÜR GESCHICHTE DER DEUTSCHEN IN BÖHMEN.

PRAG.

IM SELBSTVERLAG DES VEREINES UND IN COMMISSION BEI H. DOMINICUS

1896.

## Alfons Huber

in Treue und Freundschaft zugeeignet.

# Vorwort.

Es war mir eine angenehme Ueberraschung, als ich in einem Codex des Stiftes St. Paul im Lavantthale im Juli des eben zur Rüste gehenden Jahres ein Formular entdeckte, dessen Stücke jener Zeit und jenen Verhältnissen zugehörten, denen vor mehr als 20 Jahren meine ersten Studien gewidmet waren. Noch mehr erfreut war ich, als ich nach einem eingehenden Studium dieser Handschrift wahrnahm, dass sämmtliche Stücke bis auf zwei bisher noch ganz unbekannt seien und somit, wie in der Einleitung dargelegt wird, eine wünschenswerthe Bereicherung unserer vaterländischen Geschichte bilden. Ich habe die verflossenen drei Monate mit der Herstellung eines correcten Textes verbracht, was, wie man der beigegebenen Tafel entnimmt, gerade keine leichte Aufgabe war. Ihr unterzog ich mich aber um so lieber, als ich dem so erfolgreich wirkenden Vereine, dem ich seit 2 Jahrzehnten angehöre und der mich vor Jahren schon in die Zahl seiner Ehrenmitglieder aufnahm, dadurch, dass ich ihm die Veröffentlichung des Formulars überliess, meinen Dank abstatten konnte. Derselbe gebürt auch dem verehrten Herrn Prälaten von St. Paul, meinem Landsmanne P. Augustin Duda, der mich durch die Uebersendung des Codex an meinen Aufenthaltsort in der angenehmsten Weise bei dieser Arbeit unterstützte. So oft ich dies Formular zur Hand nehme, werde ich dankbar der schönen Stunden gedenken, die ich in St. Paul, diesem herrlichsten Winkel des reizenden Lavantthales, verlebt habe. Hubers Namen an die Spitze dieser Veröffentlichung setzen zu können, ist mir ein Herzensbedürfnis gewesen.

GRAZ, Weihnachten 1895.

J. Loserth.

# Einleitung.

## 1. Die Bedeutung des St. Pauler Formulars.

Vor 18 Jahren veröffentlichte ich „Fragmente eines Formelbuches Wenzel's II.[1]) und bemerkte, dass dieses Formelbuch für die Geschichte Böhmens im ausgehenden dreizehnten Jahrhunderte überaus wichtige Briefe und Actenstücke enthalten haben muss, da sich allein unter den 14 damals mitgetheilten Nummern nicht weniger als 3 sehr werthvolle Schreiben Rudolfs von Habsburg über böhmische Verhältnisse befanden. Was sonst auf dem Gebiete der Formulare für die Geschichte Böhmens unter den letzten Přemysliden seit langen Jahren zu Tage gefördert wurde, ist unbedeutend genug gewesen.[2]) Um so dankenswerther wird allen denen, die sich für die vaterländische Geschichte erwärmen, der Inhalt dieses St. Pauler Formulars erscheinen, das in mehr als einer Hinsicht selbst die längst bekannten Arbeiten des Notars Henricus de Isernia überragt. Finden wir zwar in den unten folgenden Nummern nur wenige, welche die allgemeine Politik jener Zeiten beleuchten, und stehen sie hierin an Bedeutung manchem der älteren Formulare nach, so sind sie doch nicht wie die meisten Stücke in diesen ein blosser Rahmen ohne Bild, sondern bis auf einige wenige Nummern mit Namen und oft auch mit Zahlen reichlich ausgestattete Urkunden oder Briefe, und eben darin, dass sie zum weitaus grössten Theile wirkliche Briefe und Urkunden sind, liegt ihr vornehmster Werth und ihre Bedeutung. In dieser Beziehung darf man diesen St. Pauler Fund als die bedeutendste Bereicherung ansehen, die im Laufe der letzten Jahrzehnte der böhmischen Geschichte in der Zeit des Ausganges der nationalen Dynastie zu Theil geworden ist. Und der Werth dieser Sammlung erleidet keine Einbusse, wenn man sieht, dass die inneren Verhältnisse eine grössere Berücksichtigung erfahren als die auswärtigen, denn über diese ist man zumeist besser unterrichtet als über jene. Sämmtliche Stücke der vorliegenden Sammlung gehören der Regierungszeit Wenzels II. an, und

---

[1]) Archiv für öst. Gesch., 57. Bd., S. 465 u. ff. — [2]) Ein Verzeichnis hat jüngstens Bresslau, Handbuch der Urkundenlehre I, S. 645 geliefert. Vgl. auch den Aufsatz von Emler, Die Kanzlei der böhmischen Könige Přemysl Ottokars II. und Wenzels II. in den Abhandlungen der kgl. böhm. Gesellschaft der Wissenschaften, VI. Folge, 9. Bd., S. 1—63.

zwar umfassen sie die Zeit von 1283 bis zu Ende des Jahrhundertes. Am reichsten sind die Jahre 1294—1297 bedacht. Wenn in einigen Urkunden noch die Personen Wenzels I. oder Přemysl Ottokars II. erwähnt werden, so sind das zunächst Bestätigungsurkunden, wie z. B. Nr. 1, wo Wenzel II. dem Prager Bürger Niklas Frenzel und seiner Frau Kunigunde den Besitz eines Dorfes bestätigt, das einstens Wenzel I. dem Münzmeister Eberhard gegeben und dieser an Niklas geschenkt hatte. So bestätigt Wenzel II. (Nr. 29) auf Bitten des Pfarrers von Schreckendorf ein Privileg Ottokars II. vom 27. September 1264, das vollständig inseriert ist. In Nummer 72 bitten Simon der Meister und das Capitel der Brüder de Sassia zu Littau den König Wenzel, dem von seinem Vater dem Könige Ottokar (1267) gegründeten Spitale auch seinerseits seine Gnade zuwenden zu wollen. Dem Notar Johannes de Sarobe, demselben, dessen Güter nachher in den Besitz der Königsaaler Mönche gekommen sind, wurde in Anerkennung seiner treuen Dienste. die er bereits dem Könige Ottokar II. geleistet hatte, für seine ganze Lebenszeit das Münznotariat der Olmützer Münze mit allen üblichen Rechten und Einnahmen zugewiesen. Das sind die einzigen Stücke, in denen der Vorgänger Wenzels II. gedacht wird.

Der Schreiber hat die einzelnen Stücke nach einem gewissen Schema aneinander gereiht und dies auch äusserlich angedeutet, indem er vor je einer Gruppe (freilich nicht immer) eine Ueberschrift am Rande beifügte. Doch davon später.

Kommt in den meisten Nummern dieses Briefstellers die innere Politik Böhmens mehr zur Geltung als die äussere, so fehlt es doch auch für die äussere Politik nicht an bedeutsamen Stücken. In Nummer 1 wird der Titel heres regni Bohemiae, den Wenzel II. in den Jahren 1283 und 1284 führt, an diese Jahre erinnern; die Phrase ad regie fortune fastigium ascensurus führt uns noch genauer in das Jahr 1283, wo er, vom Volke als der Retter ersehnt, seinen von späteren Historikern so sehr gefeierten Einzug im Lande hält. In Nummer 2 mahnt die Hervorhebung des pincerna [1]) sacri imperii an die Verhandlungen, die im Februar und März in Eger gepflogen wurden. In mehreren Nummern werden wir, zunächst auch schon in den Titulaturen, an Wenzels II. polnische Politik gemahnt. An diese erinnert Nr. 35: Der Bischof Prokop war nach Prag citiert worden oder aus eigenen Stücken dahin gegangen, um sich gegen den falschen Verdacht zu wahren, dass er dem König nicht treu sei. Am 20. Juni 1294 schwur er diesem den Eid der Treue. [2]) Bei dieser Gelegenheit überwies er dem Stiefbruder des Königs gewisse Einkünfte. An die Unruhen in Oesterreich 1295—1296, bei denen auch König Wenzel seine Hand im Spiele hatte, erinnern die Nummern 55—57. In den ersten finden wir Herzog Albrechts tapferen Marschall Hermann von Landenberg, in den beiden folgenden Leuthold von Kuenring. Von grösserer Bedeutung — und wie ich glaube die wichtigste unter allen Nummern — ist 77. Sie führt uns die glanzvollen Tage der Krönung Wenzels II. am 2. Juni 1297 vor Augen. Die Erzbischöfe von Mainz und Magdeburg, die Bischöfe von Meissen, Constanz, Freising u. s. w., die Herzoge Albrecht von Oesterreich, Friedrich von Meissen, Hermann und Otto von Brandenburg fanden sich ein. In der obigen Nummer wird uns zunächst noch einiges geboten, was bisher unbekannt war. Wir erfahren, dass der Erzbischof Burkhard zur Verherrlichung des Festes mit einem stattlichen Gefolge heranzog. Dies wurde unterwegs überfallen, gefangen genommen und nur gegen die Zahlung eines Lösegeldes frei gelassen. Wenn, wie man vermuthen darf, Nr. 81 mit 77 in Zusammenhang steht, so wurde den Magdeburgern auch eine goldene Krone, die wohl als Geschenk für den König bestimmt war, abgenommen (ut ablata et maxime coronam auream eisdem ablatam restitui procuretis). Bei den mündlichen Verhandlungen, die zwischen dem Erz-

---

[1]) Emler, Regg. Boh. II. 635: Quod rex supradictus ius ac officium pincernatus pariter et eius heredes in Romano obtineant imperio ... Urk. d. d. 4. März 1289. — [2]) Ebenda S. 708.

bischof und dem König gepflogen wurden, versprach dieser, ihm den erlittenen Schaden zu ersetzen. Das war aber im Jänner 1298 noch nicht geschehen und nöthigte den Erzbischof, sich am 28. Jänner 1298 neuerdings an den König zu wenden. Wir erfahren nun auch, dass der Erzbischof von dem König den Ersatz für die bedeutenden Kosten der böhmischen Fahrt in Anspruch nimmt. Das war nun gerade die Zeit, wo sich die Dinge im Reiche zu einer Katastrophe zuspitzten. Man wird es begreifen, wenn der Erzbischof von Magdeburg an König Wenzel durch den Burggrafen Burkhard die Bitte richtet, ihm, wenn wichtigere Neuigkeiten vorfallen, sie mitzutheilen. Auch das „Cetera lator" ist sehr bedeutsam. In dieselbe Zeit wird man unbedenklich auch Nr. 82 verweisen dürfen. Auch hier erfahren wir von einer Gesandtschaft, die der Erzbischof Gerhard von Mainz jüngstens nach Böhmen geschickt hatte. Auch jetzt gehe wieder eine Gesandtschaft ab, es ist der Bruder Marquard und der Notar Magister Hillebrand: sie seien abgesandt, um bei dem König Wenzel die Geschäfte zu beendigen (pro terminandis negociis nostris).

Die anderen Urkunden, in denen König Wenzel noch genannt wird, beziehen sich nicht auf Fragen der hohen Politik. Bemerkenswerth ist, dass er — der Gründer von Königsaal — dieses Kloster dadurch, wie es in Nr. 87 heisst, in eine ewige Knechtschaft bringen wollte, dass er in Chotzen, wo die Königsaaler Mönche Besitz hatten, eine Burg zu erbauen beabsichtigte. In Königsaal fürchtete man, dass dies für das Kloster zu ewigen Unruhen Anlass bieten werde, und man war daher bestrebt, den König von diesem Gedanken abzubringen. Die Mönche wandten sich an den Burggrafen von Magdeburg und dieser an den einflussreichen Kaplan des Königs, um dessen Absichten zu durchkreuzen.

Ausser den in politischer Beziehung bedeutenden Stücken dieser Sammlung wüssten wir keines, das uns in gleicher Weise angesprochen hätte als Nr. 84. Es handelt von der Königin Guta. Man weiss, wie glücklich Geschichtschreiber und Dichter waren, ihr Lob preisen zu können:

> Fröut iuch, Merher, Beheimlant,
> Ir habt der guoten eine,
> Der ich disiu rede meine,
> Diu in ze vrouwen ist gegeben,

ruft Ulrich von Eschenbach aus. An anderer Stelle:

> Bene daz saget behegelich.
> Behegelich gevellet wol:
> Die zwei man mac unde sol.
> Swer sie zesamene rehte tuot
> An einem worte nennen guot:
> Die süezen reine gemuoten
> Nenne ich sie dan frouwe Guoten,
> So habe ich sô rehte sie genant.

Wenn uns die Königsaaler Chronik belehrt, wie sparsam diese Königin war: „Ihre Kammerzofen liess sie nicht müssig gehen, sondern indem sie jeder eine bestimmte Aufgabe zutheilte, lehrte sie die eine weben, die andere spinnen oder gar flicken": so erfahren wir hier noch viel mehr. Wir finden, dass diese Sparsamkeit nicht etwa in Geiz ihren Grund hatte: Einer ihrer früherer Diener Konrad Baier ist gestorben. Er hinterlässt eine Witwe, namens Pulchra und einige unmündige Kinder. Zuletzt hatte er einen Handel betrieben. Um das Erbe kümmert sich der Bruder des Verstorbenen Friedel. Er kommt in Streit mit Pulchra, und diese wendet sich an die Königin. Sie bringt die Angelegenheit vor Wenzel II., und der schreibt an den Burggrafen Burkhard, den Vorsitzenden des obersten Landgerichtes: Er möge nicht dulden, dass Friedel die Witwe Konrads irgendwie behellige. Die Königin selbst werde in gnädigster Weise für die Kinder sorgen, ihnen vorwärtshelfen und sie unterstützen, wie eine getreue Mutter (ut mater fidelis). Und der König gibt hiezu gern seine Einwilligung. Er tritt selbst für die Witwe ein. Auf seinen Wunsch und Befehl hin wird ein Vertrauensmann Pulchras eingesetzt, der die Interessen der Kinder in dem Geschäfte wahrzunehmen hat. Einen Zug, wie diesen, hat uns keine erzählende Quelle jener Zeit überliefert. Man wird der Stelle gern entnehmen, dass sie die Darstellung der Königsaaler Chronik bestätigt und ihre Wirkung noch verstärkt, während man früher geneigt war, in ihrer Darstellung eine panegyrischen Ton zu finden. Guta ist nicht nur die praktische Wirthin, die kaum in Böhmen etwas warm geworden, den Stand ihres Hofstaates anordnet, unnütze Leute entlässt und nur die tauglichen bei ihrem Amte behält: sie beweist vor allem ihren milden Sinn, ihr gutes Herz. Rudolf von Habsburg wusste, welches Kleinod er seinem Eidam liess:

> Er warp als im sîn sweher riet
> Der froelich ze lande schiet.
> Er hete froelichen gewin
> Erworben an sîne tohterlin.

Wir würden wünschen, mittelalterliche Quellen hätten uns mehr derartige Züge fürstlicher Persönlichkeiten aufbewahrt. Man wird begreifen, wenn der Dichter im Hinblicke auf derartige Ereignisse die Habsburgerin in eine Parallele stellt mit Libussa, der sagenhaften Ahnfrau des Přemysliden-Hauses:

> Swaz ich noch hiute ie gesach
> Und in der werlte ervarn habe
> . . . . . . . . . . . . . .
> Min sin, min herze nie vernam
> Also gröz bescheidenheit
> Und so volkomne wisheit . . . .

Der Stiefbruder des Königs Wenzel, Herzog Nicolaus I. von Troppau, ist durch eine Urkunde vertreten, deren Kenntnisnahme den Freunden der schlesischen Geschichte besonders willkommen sein dürfte. Er schenkt darin seinem Bruder Johann, von dem zunächst mehr zu sagen sein wird, in Anbetracht der nahen Verwandtschaft, der vielen und getreuen Dienste, die er ihm beständig geleistet, und zur freundlichen Erinnerung daran das von Protiwa von Dubrawetz, dem Schenk von Mähren, erkaufte Schloss und Dorf Herlitz zu erblichem und steuerfreiem Besitz. Es dürfte das erstemal sein, dass Herlitz, heute eine Besitzung des deutschen Ordens, erwähnt wird. Seit 1294, sagt der beste Kenner dieser Verhältnisse, kommt Nicolaus etliche Jahre nicht mehr als Aussteller von Urkunden vor, die auf die Provinz oder Theile der Provinz Troppau Bezug nehmen.[1]) So füllt denn die Nummer 21 eine starke Lücke aus. Nicolaus führt darin den Titel Hauptmann von Krakau und Sandomir, der sich zuerst seit dem 29. März 1295

---

[1]) Biermann, Geschichte der Herzogthümer Troppau und Jägerndorf, S. 35.

vorfindet. Auch ein Bediensteter seiner Kanzlei, der Notar Wenzel (notarius ducis Oppaviensis), wird (Nr. 14) erwähnt. Es ist wohl derselbe, der erst als Kaplan im Dienste des Königs Wenzel stand, dann Pfarrer in Grätz (bei Troppau) wurde. In der Zeit, da der Bruder Hermann (s. unten) seinen so wichtigen Platz in der Umgebung Wenzels II. erhielt, dürfte er in die Dienste des Herzogs Nicolaus getreten sein.

Eine ganz eigenartige Stellung nimmt in den unten folgenden Nummern der Propst Johann von Wissehrad ein. Schon an und für sich ist die Zahl der Stücke, darin er genannt wird (Nr. 4, 21, 23—28, 32, 35, 36, 92) eine grosse. Ältere Geschichtsschreiber Böhmens haben in diesem Propste Johann den Sohn der Königin Kunigunde und des Zawisch von Falkenstein gefunden. So sagt noch Frind in seiner Kirchengeschichte Böhmens: „Nach Tobias Tode gab sich König Wenzel alle Mühe, seinen Stiefbruder Johann, Sohn der Königin Kunigunde und des unglücklichen Zawisch auf den bischöflichen Stuhl zu heben." [1]) Dagegen hat nun schon vor Jahren Emler gezeigt, dass dies nicht richtig ist. Freilich, die Zeugnisse aus den Quellen, die [2]) er vorführt, sind wenig beweiskräftig und waren auch jenen älteren Historikern gut bekannt. So wenn Heinrich von Heimburg zum Jahre 1296 bemerkt: „In diesem Jahre starb der Bruder des Königs Jessko, der Propst von Wissehrad. „Damit ist weder gesagt, dass Ottokar der Vater beider war, noch Kunigunde beider Mutter. Und das ist, wenn man will, auch bei dem Domherrn der Fall, der übrigens, soweit er den Königsaaler Chronisten nicht ausschreibt, als eine zeitgenössische Quelle nicht mehr angesehen werden kann. Ja selbst der Königsaaler Mönch dürfte hier nur der österreichischen Reimchronik nachgeschrieben haben.[3]) Was der Domherr Franz sagt, ist Folgendes: „Nach dem Tode des Bischofs Tobias wollte Wenzel II. seinen Bruder, der ein Bastard war und nicht legitim, den Propst von Wissehrad zum Bischof machen." In diesen Worten läge auch noch kein Beweis vor, dass Johann ein Sohn Ottokars war, denn auch der Königsaaler Chronist nennt die nuptiae inter reginam et Zavissium unerlaubte:

    Zawissius mundam
    Sic prostituit Cunegundam
    Defunctique thorum
    Maculat regis Bohemorum.

Beachtenswerther wäre die Notiz beim Domherrn Franz, wornach der König sich an den Papst hätte wenden wollen, wohl um die Legitimirung Johanns zu erreichen; aber Franz ist, wie bemerkt, kein Zeitgenosse mehr. Wichtiger sind daher Emlers Bemerkungen über Johanns Alter, der, wäre er der Sohn Kunigundens und des Zawisch gewesen, bereits als 10—11jähriger Knabe zu wichtigen Staatsactionen herangezogen worden wäre. Einen vollen Beweis findet man erst in diesen Blättern, und zwar in Nummer 21: Der Herzog Nicolaus von Troppau schenkt seinem Bruder, dem Wissehrader Propst Johann, Dorf und Schloss Herlitz bei Jägerndorf zu erblichem Besitz. Wäre Johann der Sohn Kunigundens, so hätte Nicolaus gar kein Recht, ihn Bruder zu nennen. Und damit niemand an der thatsächlichen sehr nahen Verwandtschaft beider zweifle, beachte man die starken Ausdrücke, die in der Urkunde gebraucht werden: als ob nicht schon an den Worten consanguineitatis inexcertabilis unio genug wäre, wird noch hinzugefügt: quod nos tam

---

[1]) Bd. II, S. 62. S. auch Pangerl, Zawisch von Falkenstein in den Mitth. des Vereins für Gesch. der Deutschen in Böhmen XII, S. 186. — [2]) Emler, Die Kanzlei der böhmischen Könige Premysl Ottokars II. und Wenzels II. In den Abh. der kgl. böhm. Ges. der Wissenschaften, VI. Folge, 9. Bd., S 38—40. [3]) S. meine Bemerkungen in der Hist. Zeitschr. 74, 287.

sinceram carnis et sanguinis unionem, qua vir venerabilis dominus Johannes ... frater noster nobis astringitur. Diese Ausdrücke sind so stark, dass man fast auf die Vermuthung kommen könnte: Nicolaus und Johann wären von Vater- und Mutterseite rechte Geschwister, was ich mit diesen Worten jedoch nicht zugestanden haben möchte; jedesfalls drückt sich Wenzel II. — er ist dem Bruder gegenüber auch nicht so freigebig wie Nicolaus: denn dieser schenkt, jener verkauft — viel kühler aus, wenn er dieses brüderlichen Verhältnisses gedenkt; in Nummer 23 verkauft er: dilecto principi familiari et consiliario nostro venerabili Johanni Wissegradensi preposito ... ein Dorf um 110 Mark Silber. Hier ist er nicht einmal Bruder genannt: nur das Wort principi fällt auf. In Nummer 27 wird er aber ausdrücklich als frater excellentissimi domini Wenceslai regis bezeichnet. In Nummer 92 wird sein Tod erwähnt, ohne dass in dieser und in den noch übrigen Stücken davon gesprochen würde, dass er der Bruder des Königs sei. Dass er aber bei diesem in hoher Gunst sei, und dass er in Folge dessen in die Lage komme, einzelnen Personen oder ganzen Körperschaften bei dem Könige Gunstbezeugungen zu verschaffen, betonen sie fast alle. So liest man in Nr. 4: propter favoris prerogativam, qua eum (Johannem) dominus prefatus (rex) prosequitur ... nobis et monasterio nostro fuerit obsequiosus et utilis ......

Ueber das Alter Johannes haben wir nur Vermuthungen. Wenn ihn der Domherr Franz einen 'Jüngling' nennt, so wird das im Allgemeinen der Wahrheit entsprechen. Im October 1260 war er sicher noch nicht geboren. Denn am 6. d. M. legitimiert Papst Alexander IV. nicht bloss Ottokars Sohn Nicolaus, sondern auch zwei Töchter. Wäre Johann damals schon am Leben gewesen, so würde der König wohl auch diesen haben legitimieren lassen. Er dürfte vielmehr um mindestens ein Jahrzehnt, vielleicht anderthalb Jahrzehnte später geboren worden sein. In einer Urkunde vom 20. Jänner 1296 wird gesagt, dass der Propst Johann, wenn er zu einer höheren geistlichen Würde gelangen oder in ein Kloster eintreten [1]) oder sich dem weltlichen Stande zuwenden würde, an das Kloster Hradisch in Mähren einen von diesem erhaltenen Besitz zurückstellen müsse. Es ist demnach sicher, dass ihm die Möglichkeit, in eine weltliche Laufbahn zu treten, damals noch offen stand. sicher auch, dass er kein Mönch war.[2]) Wäre er schon ausgeweiht gewesen, so wäre ihm wohl nichts im Wege gestanden, nach dem Tode des Bischofs Tobias auf den bischöflichen Stuhl von Prag zu gelangen. Vielmehr als 20 Jahre wird er so mit bei seinem am 26. August 1296 erfolgten Tode nicht gezählt haben. Auch die unten folgenden Nummern behandeln die Frage einer etwaigen Standesänderung Johanns: noch etwas anderes wird aus ihnen ersichtlich. Es muss auffallen, dass ihm in den Jahren 1295 und 1296 von Seiten böhmischer und mährischer Klöster, sowie des Bischofs von Krakau, so reichliche Spenden gemacht werden. Ohne einen sanften Druck von oben her wird es wohl nicht abgegangen sein. Zunächst überlassen der Abt und Convent des Prämonstratenserklosters Leitomischl dem Propst in Anbetracht seiner dem Kloster bereits geleisteten oder noch zu erwartenden guten Dienste einige in Folge von Kriegsnöthen zu Grunde gegangene Ortschaften, nämlich Wokow, Pamětic und Kladrub. Die Äbtissin von St. Georg auf dem Prager Schlosse, Kunigunde, eine Schwester Johanns, überlässt ihm. wahrscheinlich in derselben Zeit, sicher aber aus demselben Grunde, 150 Joch von dem Klosterhof in Kamenecz (Nr. 22). Vom Convente des Nonnenklosters in Chotěschau wird ihm 1293 allerdings gegen eine Entschädigung ein bei Prag unterhalb des Petersberges gelegener Hof (in Ujezd) gegeben (Nr. 24). Von den Mönchen in Kladrub erhält er das Dorf Ohnissewicz (Nr. 26), das Kloster Hradisch überlässt ihm die Stadt Weisskirchen und Umgebung (Nr. 27 u. 32), vom Stifte Welehrad erhält er das Dorf Doloplass und Zugehör, der Bischof von Krakau gibt ihm 50 Mark vom Einkommen einer Stadt Salucz (?) und 50 Mark aus dem Salzzehent von Wieliczka

---

[1]) Emler, Regg. Boh. II, S. 732. — [2]) Emler, Die Kanzlei etc., S. 40.

(Nr. 35). Man dürfte kaum fehl gehen, wenn man in alledem das Bestreben des böhmischen Hofes sieht, diesem Prinzen ein seinem Range entsprechendes fürstliches Einkommen zu schaffen. Von den zur königlichen Familie gehörigen Persönlichkeiten ist nur noch die bereits erwähnte Äbtissin Kunigunde zu nennen. In der betreffenden Urkunde wird aber mit keinem Worte ihrer fürstlichen Herkunft gedacht oder etwa ihre Verwandtschaft mit dem Propste Johann angedeutet.

Von deutschen Reichsfürsten sind die Erzbischöfe von Mainz und Magdeburg vertreten, auch der Markgraf von Brandenburg[1]) und die schlesischen Herzoge treten in unseren Gesichtskreis. Gerhard von Mainz wird in einer Nummer (Nr. 2) ersucht, einem Kanzleibeamten Wenzels II. eine Pfarre zu verleihen. Wichtiger ist das zweite Stück (Nr. 82), das uns in die kritische Periode versetzt, die der Absetzung des Königs Adolf von Nassau vorhergieng und die bereits oben ihre Würdigung gefunden hat. Von dem Erzbischof Burkhard von Magdeburg kann man aber nicht sprechen, ohne seines gleichnamigen nahen Verwandten etwas ausführlicher zu gedenken.

Ausser der königlichen Familie und denen ihnen nahestehenden Personen, wie Herzog Nicolaus von Troppau und der Propst Johann von Wissehrad, ist wohl der Burggraf Burkhard von Magdeburg die einflussreichste Persönlichkeit am Hofe zu Prag. Sie konnte bisher von den Historikern nicht voll gewürdigt werden, denn weder die gleichzeitigen Geschichtsschreiber, wie die Fortsetzer des Cosmas, noch Peter von Zittau haben von ihm Notiz genommen. Nur dreimal wird er in den bisher bekannten Urkunden erwähnt (Emler, Regg. II. SS. 887. 944, 956 ; dagegen kommt er in nicht weniger als 21 Stücken dieser Sammlung vor; und dass er hiebei stets in bedeutenden Angelegenheiten thätig war, darf man schon aus dem hohen Range, den seine Familie unter den Adelsfamilien in Deutschland einnahm, vermuthen.[2]) Haben doch die Besitzer der Burggrafschaft Magdeburg in späterer Zeit den Reichsfürstenstand für die Burggrafschaft in Anspruch genommen. Wenn die Burggrafen von Magdeburg nun auch thatsächlich nie Reichsfürsten waren, so ist ihre hochbedeutsame Stellung doch aus Folgendem ersichtlich : Magdeburger Burggrafen kennt man seit 1016.[3]) Der erste, dessen Namen uns bekannt ist, war Friedrich aus dem Hause der Grafen von Walbeck — demselben Hause, dem auch Thietmar von Merseburg, der bekannte Geschichtsschreiber, angehört hatte. In den Jahren 1079—1102 sass Hartwig auf dem erzbischöflichen Stuhle von Magdeburg. Sein Bruder war Hermann, Burggraf der Stadt — sie gehörten beide dem rheinfränkischen Geschlechte der von Sponheim an. Ihr Vater war Siegfried, der eine Gräfin Richardis aus dem Lavantthale geheirathet und sich auf deren Gütern ansässig gemacht hatte. Ihr ältester Sohn Engelbert gründete hier das Kloster St. Paul, eben das, darin unser Codex ruht, der nun auch einen freilich einem anderen Hause angehörigen Burggrafen in die Erscheinung bringt. Wir finden denn auch in den Urkunden und dem Nekrolog des Klosters St. Paul einen Burggrafen von Magdeburg, den obengenannten Hermann. Das Gepräge eines Burggrafen von Magdeburg war ein „erzbischöfliches." Burggraf Hermann starb 1118. Nach seinem Tode kam das Burggrafenamt an das Grafengeschlecht derer von Querfurt. Kein geringerer als Wiprecht von Groitzsch war der erste Magdeburger Burggraf aus diesem Hause. Wie bedeutend das Amt war, sagen die Annalen von Pegau: „Es umfasste den Oberbefehl über 1000 Krieger und gewährte Einkünfte in der Höhe von 500 ä." Im Hause

---

[1]) Der Herzog Boleslaw wird in den Stücken Nr. 76, 78. 81 u. 89 genannt. Diese sind indes nicht eben bedeutend. In Nr. 76 u. 78 handelt er sich um die Einforderung einer Schuld. Ob ol überhaupt zu Boleslaw gehört, ist nicht ganz sicher, und in 89 handelt es sich auch nicht um ein wichtiges politische Ereignisse. —
[2]) Ficker, Vom Reichsfürstenstand, S. 214. — [3]) Frensdorff, Die älteren Magdeburger Burggrafen im XII. Bd. der Forschungen zur deutschen Geschichte, S. 285—316, und Holstein, Die Burggrafen von Magdeburg aus dem Hause der Edlen von Querfurt, Geschichtsbl. für Magdeburg, VI. Jahrg., S. 33 ff.

Wiprechts blieb das Amt durch 130 Jahre, bis es 1269 an die Herzoge Johann und Albrecht von Sachsen verkauft wurde. „Fast ununterbrochen vererbte sich das Amt im Geschlechte jenes ersten Burkhard von Vater auf den Sohn und alle Inhaber bis auf einen führen den Namen Burkhard. Es ist leicht erklärlich, dass ihre Unterscheidung grosse Schwierigkeiten verursacht hat und in abweichender Weise von den Genealogen versucht worden ist."[1]) Nun denn — für einen Burkhard lässt sich schon aus einer unten folgenden Nummer die gewünschte Aufhellung finden. Holstein[2]) nennt jenen Burkhard, der das burggräfliche Amt am 15. September 1269 verkaufte, im übrigen aber den burggräflichen Titel behielt — Burkhard XI. Seine Schwester Mathilde war mit dem Grafen Siegfried III. von Blankenburg vermählt. Aus dieser Ehe gieng der Erzbischof Burkhard II. von Magdeburg hervor, der also ein Neffe der Burggrafen Burkhard XI. war. Hier können wir mit Nr. 77 einsetzen. Dort lesen wir ganz richtig: Borchardus dei gracia sancte Magdeburgensis ecclesie archiepiscopus nobili viro Borchardo purchravio de Magdeburch *avunculo suo carissimo*....[3]) In der That steht die Sache so. Der böhmische camerarius Burkhard von Magdeburg ist der Oheim des Magdeburger Erzbischofs. In Böhmen hatte der Burggraf die Kämmererwürde inne, d. h. er ist nicht Kämmerer des Landrechtes, sondern „jener oberste königliche Beamte, der seit dem 14. Jahrhunderte capitaneus hiess." Er stand dem iudicium terrae vor. Als solcher spricht er einen Bürger von einer wider ihn erhobenen Anklage frei (10), in dieser Eigenschaft wenden sich einzelne Personen oder ganze Corporationen an ihn, um zu ihrem Rechte zu gelangen, wird er vom König beauftragt, gerichtliche Untersuchungen in eigener Person vorzunehmen, die geschädigten oder gefährdeten Rechte anderer zu schützen u. s. w. Sein grosser Einfluss auf Wenzel II. ist daraus zu sehen, dass sich einzelne Personen oder Corporationen um seine Gunst bei dem König bemühen.

---

Aus dem Berichte der Königsaaler Chronik weiss man, in welchem Ansehen am Hofe Wenzels II. dessen Beichtvater „der Bruder Hermann" stand.[4]) „Diesem Beichtvater," erzählt sie, „erwies der König nicht bloss in geistlichen Dingen an jedem Orte die schuldige Ehrerbietung, auch in der Anordnung seiner Reichsgeschäfte folgte er seinen Lehren und Rathschlägen und änderte nach seinem Worte den Stand seines Hofes." Dieser Bruder Hermann aus dem deutschen Orden scheint einer sehr angesehenen Familie des deutschen Reiches angehört zu haben. Mit den Kreuzherren in Komotau hatte er nahe Verbindungen, die auch in einer der unten folgenden Nummern ersichtlich sind (Nr. 79). Den einflussreichsten Mann am Hofe Wenzels II., als der in diesen Stücken der Burggraf Burkhard von Magdeburg erscheint, nennt er Gevatter und wird von ihm so genannt. Hermann vermochte es, Verfügungen des Königs, an denen diesem viel gelegen sein mochte, noch rückgängig zu machen. In dieser Hinsicht bietet Nr. 87 ein beachtenswerthes Beispiel: An ihn wandte sich eben der Burggraf von Magdeburg, er möchte doch den König von der Absicht abbringen, auf dem Gebiete von Chotzen, wo das Kloster Königsaal Besitz habe, eine Burg zu bauen und diese mit Klostergut auszustatten. Das Kloster werde in der Folge durch die Burggrafen fortwährende Beunruhigungen erleiden und seine Güter

---

[1]) Frensdorff, S. 310. — [2]) S. 62. — [3]) Es ist daher nicht richtig, wenn Holstein diesem Burggrafen die Ziffer XII gibt; für diesen passt die Bezeichnung avunculus nicht. — [4]) Ipse igitur ex ingenita industria . . . devotum . . . fratrem Hermannum ordinis Cruciferorum de domo Theotonica sibi pro patre eligens, ipsum inter cotidiane curie sue familiam preferendum ceteris deputavit . . . . Huic . . confessori suo rex debitam reverenciam in omni loco exhibuit et non solum in spiritualibus, verum eciam in ordinacione negociorum regni sui doctrinis seu consiliis obedivit, statum curie sue iuxta verbum eiusdem disposuit . . . .

gleichsam in eine ewige Knechtschaft gerathen.[1]) Wenn auch der gegenwärtige Landesherr eine Beeinträchtigung des Stiftes nicht dulden würde, wer könne denn für die Zukunft bürgen? Mit ungeheucheltem Bedauern meldet der Prior der polnischen Dominicanerprovinz, wie leid es ihm thue, dem Wunsche Hermanns, eine Pflegebefohlene im Brünner Nonnenkloster unterzubringen, nicht entsprechen zu können, der Nonnen seien so viele, dass die Schlafsäle und die sonstigen Nebenräume nicht ausreichen (Nr. 100). Es war zu erwarten, dass Hermann auf einen hervorragenden Platz in der Hierarchie gelangen würde: In der That wurde er am 16. April 1303 Bischof von Kulm[2]) in Preussen.

Von den Bischöfen Böhmens und Mährens handeln 18 Urkunden. In einigen werden ihre Namen allerdings nur nebenher genannt. In Nr. 30 setzt der Bischof Tobias auf Grund eines an ihn gerichteten und dem Wortlaut nach mitgetheilten Schreibens Wenzels II. den Kleriker Nicolaus in Schreckendorf als Pfarrer ein. Für die Kunstgeschichte nicht ohne Interesse ist Nr. 31. Während nämlich ältere und neuere Historiker — von Peter von Zittan und dem Domherrn Franz angefangen — ziemlich viel von den Verdiensten des Bischofs Tobias um seine Kirche zu erzählen wissen, vernehmen wir hier zum ersten Male davon, dass er allen denen einen Ablass ertheilt, die zur Herstellung des dem Einsturz nahen Chores der Prager Kirche einen Beitrag leisten. Sein Nachfolger Gregor von Hasenburg erscheint in Nr. 25 noch als Domherr, als Bischof in Nr. 45, 90 u. 103; das letztgenannte Stück zeigt, dass er sich in den ersten Zeiten seines Amtes in schweren Geldnöthen befand. Im Jahre 1281 folgte dem staatsklugen Bischof Bruno von Ohmütz, dem vornehmsten Colonisator und Germanisator im nördlichen Mähren und Schlesien, der Bischof Theoderich. Nicht weniger als neun Nummern beschäftigen sich mit seiner Person; die Mehrzahl von ihnen enthält die Genehmigung der von seinen Ministerialen auf ihr Lehen geliehenen Geldsummen oder des Verkaufes von Lehen der Olmützer Kirche.

Wegen der Versorgung Johanns des Propstes von Wissehrad werden die vornehmsten Klöster des Landes in Mitleidenschaft gezogen. Sie alle hatten den süssen Trost, dass ihnen der Propst entweder schon jetzt bei dem König oder später, wenn er selbst einmal Bischof geworden sei, viel nützen könne; zu diesen Klöstern gehören das Prämonstratenserstift in Leitomyschl (Nr. 4), das Nonnenkloster von St. Georg auf dem Prager Schloss (Nr. 22), das Nonnenkloster in Chotěschau (Nr. 24), das Kloster Kladrub (Nr. 26), die Klöster Hradisch (Nr. 26. 32) und Welehrad in Mähren (Nr. 28); fast das einzige Königsaal geht als neue Stiftung frei aus. Dass die Klöster einen starken Zudrang zeigten, lehrt Nr. 100. Auf Nr. 58 wäre besonders hinzuweisen: Darnach war Kulm ein bedeutender Wallfahrtsort. Der Pfarrer von Kulm fordert alle seine Amtsgenossen der Umgebung auf, den nächsten Freitag in Procession mit ihren Gemeinden nach Kulm zu wallfahrten und den Segen des Himmels herabzuwünschen, auf dass in der jetzigen Zeit der Ernte die fortwährenden Regengüsse endlich aufhören und nicht die Gefahr einer Hungersnoth entstehe.

Unter den Adeligen Böhmens begegnen wir zunächst jenen, die als Hof- oder Landesbeamte bedienstet sind. Ausser dem Kämmerer, Burggrafen von Magdeburg, treten uns entgegen der Burggraf Tobias von Bechin, Marschalk in Böhmen (Nr. 36, 41, 43, 71), Heinmann von Duba

---

[1]) Ueber diese Dinge ist bisher nicht das Mindeste bekannt gewesen.
[2]) Post hoc prefatus    bruder Hermann pontificatus
    Suscepit culmen,    cui nomen denique Culmen —
    Se Prussia dedit    et ibi cum pace resedit
    Inter canonicos    sibi confratres et amicos.

(38, 70, 79), Heinrich von Lipa und seine Gattin Hezika (38, 40, 44, 46), Heinrich (5, 35) und Ulrich von Neuhaus (42, 7), Raimund von Leuchtenburg (38, 44, 46), Fridemann von Smayn (38), Bavor von Strakonitz (49), Benesch von Wartenberg (56, 78, 81), Heinrich und Bohuslaw von Wyra (71), Friedrich von Schönberg (71), Odolenus von Egerberch (71), Witiko von Aupa, Schwabenitz und Hermanitz mit seinen Söhnen Sebor und Bernhard (8, 9, 11, 28, 33), Lupus de Donicz (44) und Zesema von Brandeis (33); unter den Ministerialen des mährischen Bisthums und den Landesbeamten daselbst ist namentlich Soběhrd von Holleschau in einer ganzen Reihe von Nummern vertreten (7, 8, 9, 11, 34), dann sein Bruder Andreas, Herbord von Fullenstein und seine Söhne (2, 13, 14) und der Schenk von Mähren, Protiwa von Dubrawetz.

Die Bürgerschaften in den Städten sind deutsch: man sieht es aus ihren deutschen Vornamen,[1]) dann aus den Beinamen: von Eger, Regensburg, Passau u. s. w., endlich aus einer Reihe von nebensächlichen Bezeichnungen. Von Prager Bürgerfamilien sind die wichtigsten vertreten; wir finden Niklas Frenzlin, den Richter Frowein, Rudlin von Passau, Merklin, Konrad, Otto, Eberhard vom Stein, die zahlreichen Mitglieder der Familie Wölfel, Konrad Baier, Hiltmar Friedinger, Simon Stuck, Dietrich Eberbach, den Richter Sturm, die Familie Hahn (de Gallis, deutsch nach den Vornamen Rudel und Friedel), Pernold, den Richter Heinrich, Meingot, Billung, Tafelrung u. a. Auch Leitmeritzer Bürger, wie der Richter Franz, Konrad von Gabel, Egerer wie Tuto (Nr. 52), Budweiser wie Konrad, Eberlein und Friedel (Nr. 85), Pilsner, wie Wolfram und Berthold (Nr. 86), Wischauer, wie Arnold (91), werden genannt. Wie sie die Kenntnis ihrer Gewerbe in die slavischen Länder vorbereitet haben, so finden sich auch in den lateinischen Urkunden noch manche deutsche technische Ausdrücke, für die nicht gleich der entsprechende lateinische zur Hand war, oder die man doch zur grösseren Deutlichkeit neben dem lateinischen stehen liess. So liest man in Nr. 11: tenemur dictis civibus sexaginta marcas argenti, quod vulgariter *werbeit* nuncupatur ... Oder Nr. 63: Franco de Lacu ... obligavit *hurtas* sive institas suas, in quibus pannus venditur, Meinhardo ...

Die meisten Bürger, die in diesen Urkunden genannt werden, betreiben entweder Geldgeschäfte oder werden als Zeugen auf Schuldurkunden vermerkt, oder übernehmen endlich die Bürgschaft für die rechtzeitige Bezahlung einer Schuld. Solche Schuldurkunden sind Nr. 3, 5, 8, 11, 15, 18, 19, 33, 36, 37 (Quittung), 38, 40, 41, 42, 43—46, 50, 51, 52, 62, 63, 65, 69, 70 u. 71; sie betreffen in vielen Fällen die Summe für die auf Borg genommenen Waaren — in credentia, wie der technische Ausdruck lautet. Wird für die Waaren nicht zu rechter Zeit gezahlt, so hat der Gläubiger das Recht, zu Lasten des Schuldners entweder wieder Waaren zu kaufen (z. B. pannos emendi) oder das Geld „in Iudea" aufzunehmen. Von eigentlichen Gewerben ist kaum die Rede: beachtenswerth ist Nr. 6: Der Schneider Baier hat neben dem Hofe Meinhard Wölfels ein Haus erbaut. Auf den Baugrund hat er nach Meinhards Versicherung kein Recht, es kommt zum Streit und dieser endet mit dem Vertrag, dass Baier Haus und Hof zeitlebens benützen darf, dafür verpflichtet er sich, Meinhard und seiner Familie alljährlich die Kleider zu nähen, bezw. auszuflicken. Nach Baiers Tode darf dessen Witwe das Haus frei verkaufen: Das Vorkaufsrecht bleibt indessen Meinhard gewahrt.

In einer Zeit, wo in Böhmen und Mähren die Colonisation noch im besten Gange ist, alluberall im Grenzwalde und auch im Innern des Landes gerodet und gebaut wird, wird es auch

---

[1]) Wer sich für altdeutsche Namen interessiert, dem bietet der Index des Emler'schen Regestenwerkes eine unglaubliche Fülle. Vielleicht findet er sich auch durch die Thatsache erfreut, dass die Bürger jener Tage auch an deutschem Sang- und deutscher Dichtung ihre Freude haben. Wie hätten sie sonst die gefeierten Namen der deutschen Dichtung: Isolde (in der Familie des Richters Frowein), Gunther, Gernot, Hiltgunt etc. zu ihren Vornamen gewählt.

in den Formularen nicht an Stellen fehlen können, in denen hievon geredet wird. Gleich die Nummer 4 bietet einen Beleg: Die Güter des Klosters der Prämonstratenser in Leitomischl haben durch den Krieg stark gelitten, mehrere Ortschaften sind zerstört. Unter diesen Umständen geben Abt und Convent dem Propste Johann von Wissehrad eine Anzahl von Dörfern mit dem Rechte, sie mit Colonisten nach seinem Gutbedünken zu besetzen. Er muss jedoch die Colonisierung innerhalb sechs Jahre vornehmen und sich verpflichten, den Zehent zu zahlen. Die Dörfer fallen nach dem Tode des Propstes oder bei seiner Beförderung zu einer höheren Würde an das Kloster zurück. Noch bezeichnender ist Nr. 32: Abt und Convent des Klosters Hradisch bekennen, dass ihnen die ganze Umgebung von Weisskirchen in Mähren (propter sui desolacionem) fast gar keine Einkünfte trägt. Sie hoffen, dass der Propst von Wissehrad die Besiedlung mit Eifer in die Hand nehmen und dies bisher unergiebige Land reiche Früchte tragen werde (ipsum circuitum per ipsius domini prepositi providenciam posse et debere reintegrari penitus et locari). Zehn Jahre nach erfolgter Besiedlung werde der Propst dem Kloster jährlich 3 Mark Goldes oder 30 Mark Silber zahlen, den Zehent an das Olmützer Bisthum und die Brückengelder entrichten, endlich das Erträgnis etwa zu errichtender Bergwerke mit dem Kloster theilen. Man sieht, dass in diesem Gebiete eine zweite Besiedlung nöthhat. In der That wurde in jenen Landestheilen bald nachher auch der Bergbau in Angriff genommen, eine Thatsache, an die im letzten Jahrzehnt unseres Jahrhundertes wiederholt erinnert wurde, in der Hoffnung, die seit der Schwedenzeit — wahrscheinlich aber schon früher — geschlossenen Stollen wieder öffnen zu können. Von bäuerlichen Verhältnissen ist in diesen Urkunden leider keine Rede; öfter von Verpachtung von Grund und Boden an begüterte Bürgerfamilien, denen die nöthigen Capitalien „ad informandum" zu Gebote standen.

Ungern möchten wir das vorletzte Stück vermissen. Ich will ganz absehen davon, dass uns darin genaue Angaben über Pachtungen von Grund und Boden überhaupt vorliegen, dann welchen fundus instructus ein grösserer Hof besass u. s. w., wichtig ist für uns der Umstand, dass wir hier bemerkt finden, wie das Haus eines solchen Pächters — Ritters oder Bürgers — bestellt war: Das Wohnhaus muss aus festem Material gebaut sein, es muss zwei gute Steinkeller haben, es darf weder die grosse Wohnstube (stuba), noch die Frauenstube (camera), noch der geräumige Saal (palatium = palas) fehlen. Zur sonstigen Einrichtung des Hofes gehören drei Scheunen, ein Haus für die Landarbeiter, Ställe und Geräthe und zu dem letzteren wieder Pfluge, Eggen u. s. w. Zu dem Ackerlande besitzt es noch einen Wald. Zum lebenden Inventar gehören 40 Stück Vieh: Schafe und Rindvieh. Die Pachtung umfasst ein Dorf und der Zins beträgt für 6 Jahre 78 Mark Silber. Die erste Einrichtung und das gesammte Inventar stellt der Besitzer bei, dem es am Schlusse der Pachtzeit auch wieder in demselben Zustande oder einem besseren übergeben werden muss. Wie sich die bürgerlichen Kreise mit derartigen Geschäften befassten, sehen wir, um von ferner liegenden Beispielen abzusehen, aus dem unten folgenden Stücke 92: Ein Prager Bürger Konrad vom Stein ist es, der von dem Inhaber des sogenannten Gnadenjahres nach dem Propst Johann von Wissehrad das Gut Kobolitz gepachtet hat, oder aus Nr. 47, wo der Notar Albrecht einen der Teinkirche gehörigen Hof pachtet. Zu emphyteutischem Rechte gibt (Nr. 12) der Kanzler von Böhmen, Propst von Wissehrad, dem Leitmeritzer Bürger Konrad von Gabel einen der Prager Kanzlei gehörigen Hof der Trebitscher Pfarre mit der Verpflichtung, dem Pfarrer jährlich das fünfte Halbviertel als Zins zu entrichten.

Wie man sieht, verbreitet sich das St. Pauler Formular über die vielfältigsten Lebensverhältnisse. Ueber die Handhabung der Justiz finden sich mannigfache Belege. Auch an einer letztwilligen Verfügung (Nr. 64) fehlt es nicht, und erfreulich ist es, dass ein Testament aus bürgerlichen Kreisen vorliegt; man wird ihm entnehmen, dass der Bürgerstand sich eines durchaus behaglichen Wohlstandes erfreute. Endlich, um auch das noch anzumerken, gibt es eine grössere Anzahl von Nummern unter diesen Stücken, die unserer Kenntnis der älteren Topographie von Prag zugute kommen, wie 3, 18, 47, 50, 65 u. a., und die daher dem Studium der Topographen des alten Prag empfohlen sein mögen.

## 2. Der St. Pauler Cod. XXXII. c/261.

Das Formular aus der Kanzlei Wenzels II. findet sich in dem St. Pauler Cod. XXXII, c 261 (collegii Hospitalis), einem Band in klein $4^{o}$ ($22^{1}_{2} \times 15\,cm$) mit 270 beschriebenen Papierblättern. Auf dem vorderen äusseren Einbanddeckel findet sich von einer Hand des 15. Jahrh. der Titel: Processus iudiciarius, darunter O. 4., die Standortsnummer der Bibliothek oder des Archivs. Die ersteren Worte geben zugleich den Beweis, dass die ganze Masse, die in der Handschrift vorliegt, noch im 15. Jahrh. zusammengebunden wurde. Was hier beisammen ist, sind nun allerdings meist Briefsteller und Formulare für Notare, aber das Zusammenbinden wurde mit einer solchen Unkenntnis dessen, was zusammengehört, vorgenommen, dass jetzt einzelne Blätter an ganz anderen Stellen der Handschrift angetroffen werden, als wohin sie gehören. Es ist daher auch schwer, eine knappe und dabei in allen Punkten zutreffende Beschreibung der zusammengehörigen Theile zu geben. Das durchzuführen gäbe eine Arbeit, die in keinem Verhältnis zu den Ergebnissen stünde.

Verhältnismässig am meisten fallen ausser den böhmischen Stücken einige auf, die auf dem rückwärts befindlichen Schutzblatte stehen. Auch sie gehörten einem Formular an, das in der Zeit Albrechts I., Heinrichs VII. und Ludwigs des Baiern abgefasst war und vielleicht nach Kärnten gehört: Albertus dei gracia etc. illustri Heinrico duci Austrie filii et principi suo karissimo etc.: Synceritatem tuam rogamus attente, quatenus talem ad ecclesiam talem, non obst . . . . . . quod illustris dux Karinthie in eadem quendam alium presentavit, velis ob reverenciam presentare . . . An einer Stelle zuvor wird von Eberhard von Würtemberg gesprochen, qui cornua superbie et malicie erexit . . . Der Formular wäre, besässen wir es, vielleicht wichtiger als alle anderen, von denen im Codex noch die Rede ist.

Auf den ersten 3 Blättern finden sich Theile eines Briefstellers, die kaum an die Spitze gehören, fol. 4 ist eine Inhaltsangabe, fol. 5—8 sind leer, fol. 9—11 hängen mit dem früheren nicht zusammen. Erst 12ᵃ findet sich der Titel: Incipit formularium notariorum et primo instrumentum obligacionum. Dieses Formularium wird nach fol. 22 von einem Blatt unterbrochen, das, wie man einer alten Paginirung (107) entnimmt, nicht hieher gehört, was man auch aus dem Zusammenhang sofort ersieht.

Erst fol. 24 setzt sich das Formularium fort und reicht bis fol. 35ᵇ. Die Hand gehört der zweiten Hälfte des 14. Jahrhunderts an.

Fol. 36 u. 37 sind Stücke, die mit dem früheren in keinem Zusammenhange stehen und die zu fol. 45ᵇ, 46, 47 u. 48 gehören. Auf 37ᵃ wird das Jahr 1369 genannt. Fol. 38—43 sind Actenstücke, die einer späteren Zeit angehören: Fol. 41ᵇ wird 1404 genannt.

Fol. 43 u. 44 findet sich ein Traktat in deutscher Sprache: Der arm mensch der sprach: Got sey gelobt, mayster, bericht uns von gottlicher minn(e). Pey bew (wodurch) sol der mensch erchenen . . . . .

Auf Blättern, die theilweise leer blieben, wurden auch späterhin Urkunden eingetragen, so fol. 46 b eine von Barbara, der Gemahlin Sigismunds.

Fol. 49 a—81 b reicht der Briefsteller aus der Kanzlei Wenzels II., über den weiter unten besonders zu berichten ist.

Fol. 82 a—88 b findet sich ein 'Iudiciarius'. Antequam dicatur de processu iudicii, notandum est, quod sit iudicium.

Fol. 88 b: Et sic explicit summa iudicii.

Fol. 89 a—93 b sind Citaciones, zumeist der Augsburger Diöcese angehörig.

Fol. 94 beginnen Stücke, die in die Zeit Albrecht Winkls, Bischofs von Passau, gehören (1362—1380); genannt wird auch der Bischof Paul von Freising (1359—77).

Fol. 109 beginnt eine Summa dictaminis des Magisters Laurentius de Aquilegia.

Incipit: Universis tabellionibus civitatis Bononiensis dominis et amicis karissimis magister Laurentius Aquilegiensis salutem .... — eine Summa, die sich grosser Beliebtheit erfreute, wie man den zahlreichen Handschriften entnimmt, in denen sie sich noch vorfindet. Fol. 118 a finden sich die damals beliebten Verse:

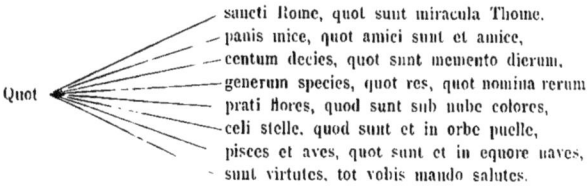

Quot
- sancti Rome, quot sunt miracula Thome,
- panis mice, quot amici sunt et amice,
- centum decies, quot sunt memento dierum,
- generum species, quot res, quot nomina rerum,
- prati flores, quod sunt sub nube colores,
- celi stelle, quod sunt et in orbe puelle,
- pisces et aves, quot sunt et in equore naves,
- sunt virtutes, tot vobis mando salutes.

Fol. 119 beginnt ein neuer Briefsteller von einer jüngeren Hand aus der Zeit des Bischofs Burkhard von Augsburg (1373—1404), der oft citiert wird. Er beginnt aber mit der alten Seitenzahl 65 und endet mit der alten Seitenzahl 92, neu 147.

Fol. 148 beginnt ein neuer Briefsteller, der auch aus dem früheren Zusammenhang gerissen ist; denn Blatt 148 weist die alte Paginierung 41 auf, die dann auch bis fol. 52 (alt 150) weiter geht. Fol 161 u. ff. hat noch die alte Paginierung 32—40, 53—106 (alt 192), woraus man den richtigen Zusammenhang wahrnimmt. Hieher wird dann auch das Blatt gehören, das oben fol. 23 mit alter Paginierung 107 steht. Der Briefsteller gehört der Zeit Karls IV. an, fol. 166 (alt 37) findet sich das Lied vom Herrn Neidhart:

Hörent frawen unde man,
Ez kument her uf disen plan
Jetzo an diser vart
Ain herzogin und herr Nithart.
Mit in vil schoner frawen ...

Ueber dies Gedicht wird bei Gelegenheit mein College Prof. Schönbach berichten. Fol. 167—170 sind deutsche Stücke, ebenso fol. 192 a b.

Sowie oben ein deutsches, findet sich fol. 188 a ein lateinisches Gedicht:

Mundi felle prepolita,
Castitatis margarita,
Dorothea est quesita
Et inventa in hac vita
Salutis per negociantem,
Aurea de stirpe nata
Clam baptismoque mundata
Jubari divo sis umbrata...

Fol. 189 beginnt eine Rhetorik: Cum descripcio rethorice secundum Tullium etc. Erwähnt wird Karl IV.

Fol. 193 beginnt ein Tractat de arte dictandi. Incipit: De competenti dogmate dictaminis tractaturi, quid sit dictamen, primitus videamus. Reicht bis fol. 200 und schliesst:

F. H. de Spira.

Fol. 201 folgt ein Breve Compendium ordinis iudiciarii. — Fol. 205: Libellus II. de Spira.

Auch die Stücke bis 208 b scheinen dieser (älteren) Hand anzugehören.

Fol. 209 a hängt mit dem vorgehenden in keiner Weise zusammen; es ist ein Stück, dem der Anfang fehlt und gehört in die Zeit König Wenzels (des deutschen Königs). Die anderen Nummern gehören zumeist in die Zeit des Passauer Bischofs Albrecht. Fol. 222 ist ein Blatt, das weder zu dem vorhergehenden noch zu den nachfolgenden gehört und dereinst das letzte Blatt eines Schriftchens bildete. An 221 schliesst dem Sinne nach 223 an. Dieser Briefsteller reicht bis fol. 234 b.

Fol. 235 a beginnt ein neuer mit einem Modus procedendi et extrahendi bullas graciarum. Dann finden sich auch einige Schriftstücke, Urkunden etc. aus der Zeit Sigismunds etc....

## 3. Die Summula de arte dictandi.

Unter den so verschiedenartigen Zeitperioden angehörenden Schriften dieser Handschrift ragt eine Abtheilung hervor, die sich schon äusserlich als ein zusammengehöriges Ganze erweist: Das sind nach der jetzigen Blätterzählung die Blätter 49—81. Dass dieser Theil lange für sich allein existierte, bevor er mit den anderen Stücken der Handschrift zusammengebunden wurde, sieht man schon daraus, dass die erste und letzte Seite stark abgegriffen und beschmutzt sind und durch Wasserflecke sehr gelitten haben. Dieses Heft von 42 Seiten muss demnach fleissig zu Rathe gezogen worden sein. Als ein Ganzes gibt sich das Heft schon äusserlich zu erkennen. Während in den übrigen Theilen der Handschrift jede Seite nur eine Columne von Zeilen hat, finden sich von fol. 49—81 zwei Columnen: beide überall mit demselben Abstand sowohl an der äusseren Seite als auch nach innen zu; doch ist die Anzahl der Zeilen nicht auf allen Seiten die gleiche; während man z. B. fol. 49 auf einer Seite in einer Columne 56 Zeilen findet, stehen auf fol. 67 c nur 46 Zeilen. Auch die ganze Einrichtung ist auf allen Seiten dieser Abtheilung dieselbe. Bei den einzelnen Abschnitten ist vorn am Rande der Anfangsbuchstabe in kleiner Schrift geschrieben und Platz für eine grössere Initiale gelassen. Zwar gewinnt es den Anschein, als ob mit fol. 61

eine andere Hand einträte: die Schrift ist nicht so eng, und im ganzen eine zierlichere, die Tinte eine andere, die einzelnen Buchstaben scheinen einen anderen Charakter zu tragen: es ist aber doch nur Schein. Es ist wohl ein und dieselbe Hand. die vielleicht zu verschiedenen Zeiten das Ganze geschrieben hat. Das ist wohl möglich, dass die Theile, in denen die unten folgenden Briefe und Urkunden stehen, früher geschrieben wurden: so lässt es sich erklären, dass in den Randnoten zu diesen auch die Tinte der ersten Theile wieder zum Vorschein kommt. Auch der Umstand, dass in dem ersten und zweiten Theile in den theoretischen Partien, wie weiter unten noch näher auszuführen ist, eine und dieselbe Quelle benützt wurde. spricht für die Einheit beider Theile. Das Werkchen hat wohl wechselvolle Schicksale erlebt, der obere Rand hat durch Feuer Schaden gelitten, am meisten in den letzten Theilen.

Schon ein flüchtiger Ueberblick lehrt, dass wir es mit einem Briefsteller zu thun haben. Der erste bis fol. 60 [d] reichende Theil ist der lehrhafte, theoretische. der folgende enthält die Beispiele, doch finden sich auch im zweiten Theil vereinzelt theoretische Erläuterungen wie im ersten Theil auch einzelne Beispiele. Auf der letzten Seite finden sich Schreiben die, wie es scheint, zu dem Vorhergehenden nicht mehr gehören.[1])

Gleich in der Vorrede gibt das Werk sich als ein summula de arte dictandi zu erkennen. Sie lautet folgendermassen:

Cum debitum ordinari karitatis sit officium, acquiescere precibus sociorum nec eorum desideria, que de virtutum affectu procedunt, obmittere ... a) ... ego in presenti summula quedam utilia de arte dictandi redi(g)ens in compendium, modernum cursum b) auditoribus promitto. Quem in quatuor partes censeo dividendum:

Primo dicetur de formis salutacionum, proverbiis narracionum, peticionibus (et) conclusionibus.

Secundo de privilegiis, literis testimoniorum, literis procuratorum (et) literis, quibus clerici muniuntur.

Tercio de literis iudicialibus. Quarto de literis communibus usque ad finem.

Hortor igitur huius summule auditores. c) (ut) licet modicam sic diligenciam adhibeant, ut inter principes et corum familiares grati ac periti occasione tantille sciencie reputentur.

Dictamen est literalis edicio mittentis animum explicans accipienti per literas destinatas.

Primo de salutacionibus discuciamus ... Ohne auf weite theoretische Erläuterungen einzugehen, bringt er die „forme salutacionum" für alle möglichen Fälle (fol. 49 a b).[2]) Nach fol. 49 b muss mindestens ein Blatt ausgefallen sein; denn ohne dass die dort begonnene Grussformel beendet ist, sind wir fol. 50 [a] gleich mitten in dem, was er proverbia narrationum nennt. Hierauf folgen forme peticionum und conclusionum. Auch fol. 52 und 53 schliessen nicht dem Sinne

---

a) Hier ist durch einen Riss eine Stelle, die zwei bis drei Buchstaben fasste, zerstört. Nur vom ersten s.eht man noch einen Rest. — b) Die Lesung ist nicht ganz sicher, da das sum etwas höher gesetzt ist. Da aber die Lesung auch dem Sinne am besten entspricht, so ist wohl dies und kein anderes Wort gemeint. — c) Cod: auditoribus; ut fehlt; daher ein einfacher Schreibfehler anzunehmen ist.

[1]) Es möge wenigstens das eine, wichtigere, der beiden Stücke, das auch durch seinen Schriftcharakter noch dem vorhergehenden Texte nahe steht, hier folgen: Reverendo in Christo patri ac domino venerabili penitenciario urbis Rome Ch. vicarius plebis huius N. obsequium et oraciones suas. Presentibus vobis declaro, quod N. presencium exhibitorem ad vestram graciam direxi, qui appreciatus est a persona tali, pro suis precatis et uxori sue noviter defuncte istud iter peragere. Quare supplico sicut debeo, quatenus in testimonium veritatis vestris literis communcatis (sic) quod apud vestram graciam fuerit (sic) in urbe Romana ... Das zweite Stück ist an einen Dekan von Passau Wokf . . . . . gerichtet. — [2]) Von der elenden Ueberlieferung des Textes will ich gleich hier eine Probe mittheilen: Cum papa sit spiritualis pater universorum, indifferenter appellant eum omnes dilectos exceptis cardinalibus etc.

nach aneinander an. Es ist indes schwer zu sagen, wie viel Blätter etwa fehlen mögen. Fol. 53ᵃ finden sich einige Stilmuster vor, von denen ich das folgende heraushebe, weil es zum erstenmal einen Ortsnamen nennt und hierin möglicherweise eine Hinweisung auf den Verfasser gefunden werden möchte:

Quoniam ea, que geruntur in tempore, contagione temporanea dilabuntur, necessarium cognoscitur, negociorum gesta literis perhennari. Coustare igitur cupimus presentibus et futuris, quod nos maturo et trutinato consilio patronorum benevolo animadvertente subsidio parrochia(m) Mulberc sanctimonialium conventni degencium ibidem sub dotis tytulo canonice assignavimus eidem cum universis proventibus serviturum. Ne igitur . . . .

Gleich darauf folgt ein Stück, darin heisst es von dem Pfarrer von Mulbrach (sic), quod decem marcas apud nostrum conventum annis singulis sibi empcionis titulo comparavit.

Das wäre also der Convent des Jungfrauenklosters zum goldenen Stern in Mühlberg bei Liebenwerda.¹) Auf demselben Blatt wird das Jahr 1324 genannt. Es ist wohl möglich, dass diese summula in dem genannten Jahr angelegt wurde, aber ihre Brief- und Urkundenmuster entstammen, wie man unten sehen wird, zweifellos einer etwa drei Jahrzehnte älteren Zeit.

Auch das folgende Stück verdient, wegen der darin wenigstens im Allgemeinen verzeichneten Namen erwähnt zu werden:

. . . Dei gracia Misnensis episcopus universis Christi fidelibus, ad quos . . . . nos H. portitorem (sic) presencium virum literature providum, moribus adprobatum sancti spiritus gracia invocata in dignitate(m) sacerdocii promovisse, dantes ei *warandiam* presencium literarum.

Hierauf folgen theoretische Erläuterungen über Testamente (fol. 53 b), Appellationen (fol. 53 b) und Petitionen (fol. 53 c) mit vielen Beispielen, in denen bis auf einige wenige Ausnahmen die Personen- und Ortsnamen durch blosse Buchstaben oder das Wort *talis* ersetzt sind. Aber die wenigen Stücke, in denen Namen genannt werden, sind doch nicht ganz ohne Interesse. Ist es wohl zufällig, dass in zwei Nummern über die Schlechtigkeiten der Templer, beziehungsweise über ihre Habsucht und ihr unkirchliches Vorgehen geklagt wird? Templarii siquidem sancte religionis habitum deflorantes in nostrum dispendium conspirarunt. Decimas namque cum obligacionibus nostro conventui ex provisione . . . collatis . . . sibi vendicant et nostram ecclesiam contemptibiliter lacerant et dampnose fasces rapine alienis messibus immittentes . . . . . Oder:

In merore conqueritur, quod Templarii *talis loci* clibanum suum fetidum ad intyma sue basilice immittentes religionis disciplina reiecta indecencius fundaverunt. Volumus igitur, ut questione solertissima de monstrato facto inquiras et veritate cognita illud . . . auctoritate nostra ordinis et disponas impedimenta sacri officii extirpando . . . das klingt doch ganz, als wäre es in oder nach der Zeit des grossen Templerprocesses geschrieben, und da gewinnt denn die obengenannte Jahreszahl 1324 einige Bedeutung. Dass der Schreiber dieser Stücke eine Zeit in Böhmen geweilt haben mag, dürfte man aus folgendem Muster entnehmen: Ex Salomone cognoscitur, quoniam in paucitate plebis consistit ignominia principis. Hinc est quod ignominiosam labem a vobis cupimus effugare . . . Rogamus siquidem, ut quibusdam de tuis porcionibus (sic) assumptis ad nos venias nobiscum partes Bohemi(e) ingressurus, quia dies placiti a nostro sororio regi Bohemie nobis assistit placabilis assignatus — eine Stelle, die zweifellos so verderbt ist, dass nur Muthmassungen über ihre Bedeutung gestattet sein können. Wenn in einem Stilmuster gesetzt wird: W. dei gracia Misnensis episcopus, so könnte man dem Obigen entsprechend an Witigo II. von Colditz (1312—1341) denken. Im Widerspruch hiezu scheint die Schrift zu stehen, ich

---

¹) Kreysig, Beiträge zur Historie der Chur- und Fürstlich Sächsischen Lande I, 107.

möchte sie eher noch in das ausgehende XIII. als in das zweite Jahrzehent des XIV. Jahrhunderts setzen. Doch auch dies Argument beweist schliesslich nicht viel. Wenn der Schreiber etwa ein älterer Mann war, so ist es ja wohl begreiflich, dass seine Schrift den Charakter einer älteren Zeit trägt. Dass er kein gebürtiger Böhme war, ist aus verschiedenen Umständen zu ersehen, dass er aber mit böhmischen Localitäten und Personen nicht unbekannt gewesen, ergibt sich aus dem Umstand, dass sich in den böhmischen Orts- und Personennamen so wenig Schreibfehler finden. Vielleicht hat er in seinen jüngeren Jahren selbst der königlichen Kanzlei in Prag angehört und die Summula in späteren Jahren auf Wunsch seiner „Genossen" geschrieben. Darauf würden wenigstens die Worte: ego in presenti summula quedam utilia de arte dictandi redigens in compendium, modernum cursum auditoribus promitto. Er zog also alte Formulare zu seiner Arbeit heran und schuf sie zu einem „modernus cursus" um.

## 4. Die Quellen des theoretischen Theils der St. Pauler Summula.

Von solchen kann ich mit vollkommener Sicherheit nur eine nachweisen. Es ist aber nicht unmöglich, dass ihm auch jene zur Hand war, über die ich zunächst einige Mittheilungen folgen lasse.

### I. Der liber dictaminum des Baldwinus.

Dieses sehr werthvolle, noch dem XII. Jahrhundert angehörige, bis jetzt ganz unbekannt gewesene Formularbuch findet sich in dem Cod. 1515 (alt 42 1) der Grazer Universitätsbibliothek. Ein in schwarzes Leder gebundener Octav-Pergamentband von 128 Blättern, gehörte er im dritten Jahrzehnt des XVII. Jahrhunderts dem Dechanten M. Thomas Jurichius des Seckauer Domcapitels. Nach der Aufhebung des Stiftes 1782 wird er an seinen jetzigen Platz gelangt sein. Die einzelnen Stücke des Cod., zu denen noch der liber Hugonis de dictaminibus (Rockinger, Quellen und Erörterungen IX, 1. S. 53), dann der liber dictaminum des Bernhardus (s. Wattenbach im Anzeiger für Kunde deutscher Vorzeit XVI, 189). endlich die Versus duodecim sapientum befinden, sind von einer gefälligen, dabei kräftigen Hand noch im XII. Jahrhundert geschrieben.

Baldwins erörtert unter Berufung auf Baeda, De arte metrica, erst den Unterschied zwischen prosaischer und poetischer Darstellung, gibt hierauf eine Definition der Epistola und ihrer 5 Theile (salutatio, exordium, narratio, petitio und conclusio) und bringt endlich auch einzelne Stilmuster, die aber freilich keine vollständigen Briefe sind. Genannt werden neben italienischen auch deutsche Kirchenfürsten, z. B. fol. 4 b: E. Salzburgensi ecclesie antistiti R. Gurcensis ecclesie minister. Hier wird man an den Erzbischof Eberhard I. von Salzburg (1147—1164) und den Bischof Roman I. von Gurk (1132—1167) denken müssen, so dass die Abfassung in die Jahre 1147—1164 zu setzen wäre.

Dass der Zusammensteller des St. Pauler Formulars vielleicht auch den Baldwins benützte, ersieht man daraus, dass einzelne Definitionen in beiden sehr ähnlich lauten.

---

[1]) Auf dem Vorlegblatte, das auch eine Inhaltsangabe hat. steht: M. Thomas Jurichius, decanus Seccoviensis. Anno jubileo 1625.

| Baldwinus: | St. Pauler Formular: |
|---|---|
| Epistola est oratio ad absentem, affectum mittentis indicans. | Dictamen est literalis edicio mittentis animum explicans accipienti per literas destinatas. |

Auch die Einleituug ist in beiden Werken dem Sinne nach dieselbe: Von Freunden aufgefordert, eine solche Schrift zu schreiben, dass auch sie die „noticia dictandi" besitzen, halte er es für seine Pflicht, solchen Wünschen nachzukommen. Mehr als Baldwinus, dessen Benützung möglicherweise nur eine mittelbare ist, sind die Theorien des Guido Faba verwerthet worden.

## 2. Guido Faba.

Die Uebereinstimmung beider wird zuerst aus einem und demselben von beiden angewendeten Musterbeispiele ersichtlich:

| Guido Faba, Rockinger, S. 182. | St. Pauler Formular fol. 60ᵇ. |
|---|---|
| Viris nobilibus et discretis G. potestati et consilio Bononiensium magister Gwido salutem in domino. | Viris nobilibus et discretis A. et B. magister Gwido salutem in domino. |
| Noveritis, dominum papam mihi misisse pro venerabili patre domino M. episcopo Ymolensi literas in hanc formam: | Noveritis, dominum papam mihi misisse pro venerabili patre domino N. episcopo literas in hanc formam: |
| Gregorius episcopus servus servorum dei etc. et de verbo ad verbum tenore posito literarum ultimo sic concludo: | Gregorius episcopus servus servorum Dei etc. et ultimo sic concludo: |
| Verum quia mandatis apostolicis non debemus, sicut nec possumus, obviare, auctoritate ipsius civis . . . . . . | Verum quia mandatis apostolicis non debemus obviare, auctoritate ipsius civis . . . . . |

Dass er auch seine Theorien aus Faba entlehnt, zeigt eine einfache Gegenüberstellung. Nach dem unten verzeichneten Stück 92 folgen zahlreiche theoretische Erläuterungen und zwar zunächst „vom Schmuck der Rede". Sie stimmen wörtlich mit den Lehrsätzen Guido Faba's zusammen. Man vergleiche

| Guidonis Fabae Summa dictaminum Cod. bibl. univ. Graecensis 1439. | Cod. monast. St. Pauli fol. 77ᵈ. |
|---|---|
| Ornatus oracionis elegancia, composicione ac dignitate conficitur. Elegancia facit latinitate oracionem puram et explanacione conspicuam. Latinitas barbarismum et soloecismum relegat. Explanacio verbis usitatis et propriis seu competenter aliunde translatis reddit oracionem lucidam et apertam. Composicio efficit omnes | Ornatus oracionis elegantamcia (!), comporcione (!) aut dignitate conficitur. Elegancia facit oracionem latinitate puram et explanacione conspiciam. Latinitas barbarismum et soloetismum relegat. Explanacio verbis usitans (!) et propriis seu expedenter (!) aliunte (!) translatis reddit oracionem lucidam et apertam. Compo- |

partes oracionis equaliter perpolitas cuiuslibet in concinnitatis viciis relegatis. Dignitas est que oracionem quarundam exornacionum varietate colorat. De quibus sub compendio videamus.

sicio efficit omnes partes oracionis qualiter (sic) perpolitas cuiuslibet incomodi insignitas viciis relegatis. Dignitas est que oracionem quarundam exornacionum varietate colorat. De quibus sub compendio videamus.

Und nun folgen beiderseits Definitionen: Quid sit repeticio, conversio, conplecio, traduccio, concepcio, explanacio, racionacio, sentencia, contrarium, membrum oracionis, articulus, quid sit similiter cadens, quid sit similiter desinens, quid sit gradacio, diffinicio, correccio, disiunccio, coniunccio, adiunccio, conduplicacio, interpretacio, commutacio, premissio, dubitacio, expedicio, dissolucio, precisio, conclusio. Dass diese Definitionen ebenfalls wortgetreu zusammenfallen, ersieht man aus einem beliebigen Beispiele:

Conclusio est — que breviter colligendo infert (id) quod provenit ex predictis hoc modo: Si reverendas igitur nequeunt facere dignitates (vel) si ultro improborum tagione sordescunt, si mutacione temporum splendere desinunt......
Decem exornaciones que secuntur ab usitata verborum parte recedunt et quasi novam significacionem inducunt, quarum prima dicitur nominacio.

Conclusio est — que breviter colligendo infert id quod provenerit ex predictis hoc modo: Si reverendas igitur nequeunt facere dignitates vel si ultro improborum cogitacione sordescunt, simulacione temporis splendere desinunt......
Decem exornaciones que sequuntur ab usitata verborum parte vel recedunt potestate (sic) et quasi novam significacionem inducunt, quarum prima dicitur nominacio...

Nun folgen wieder Definitionen: Quid sit nominacio, prenominacio, denominacio, circuicio, transgressio, superlacio, intelleccio, abusio, translacio, permutacio. Dann die Exhortaciones: ferner die Distributio, diminutio, descripcio, divisio, frequentacio, exposicio, commoracio, contencio, similitudo, exemplum, imago, effeccio, notacio, sermocinacio, conformacio, significacio, brevitas und demonstracio.

Im St. Pauler Codex schliessen sich Brief- und Urkundenmuster an, von denen wiederum die meisten gleichzeitigen Briefen und Urkunden entnommen sein dürften. Sie reichen bis fol. 81ᵇ, wo ein von einer späteren Hand geschriebener Tractat de processu iudicii beginnt. In Guido Faba finden sich zunächst eine Rubrica de sapiencia Salomonis, eine rubrica proverbiorum Salomonis, de libro Johannis und De libro Ecclesiastes: Sprüche, Lehrsätze, die in Urkunden zu verwenden sind; dann schliessen sich folgende Capitel an: De differencia scripture, de terminacione nominis per omnes casus, de principiis a verbo per omnes modos et de participiis, de pronominibus per omnes casus, de preposicionibus et adverbiis. Dann folgen einige Briefmuster. Alles das fehlt in unserem St. Pauler Codex. Dagegen hat er (s. unten Nr. 48) ein Stück aus dem Capitel: de privilegiis aufgenommen. Von den Dictamina rethorica magistri Gwidonis (que celesti quasi oraculo edita sunt, omni materia suavitatis odorem exhibent literalis, quia de paradisi fonte divina gracia processerunt) hat er das oben angeführte Stück: Viris nobilibus etc. . . . . ausgehoben.

Dass und in welchem Grade für den wichtigsten Theil des Formulars die Briefe der kgl. Kanzlei, vornehmlich auch die einlaufenden, benützt wurden, ist aus dem Obigen ersichtlich. Schwerer ist es, aus den einzelnen Stücken ihren Schreiber, den Zusammensteller dieses Formulars, zu bestimmen. Für keine der Persönlichkeiten, die daselbst genannt werden, wie Johann von Sorau, den Propst Peter und andere gibt es vollkommen sichere Anhaltspunkte. Wollte man sagen, dass am stärksten die Persönlichkeit des Propstes Johann hervortritt, so ist wieder einzuwenden, dass dieser bereits 1296 stirbt und doch noch Urkunden aus späterer Zeit vorliegen. Auch Wenzel, der einigemal genannt wird, kann nicht in Betracht kommen, und so lassen sich auch gegen alle anderen Namen der Notare u. s. w. Einwendungen machen.

## 5. Die Uiberlieferung des Textes.

Leider sind die einzelnen Stücke unseres Briefstellers in einer äusserst mangelhaften Weise überliefert — am schlechtesten jene, in denen die oben besprochenen Nummern zur böhmischen Geschichte enthalten sind. Wenn man (Nr. 87) illustris regem Bohemie, corde mei (Nr. 88), die et noctis (Nr. 88), si quam in Christo mori statt si quam in regno moveri (Nr. 104), Betie suis statt Benessius (Nr. 78), Nicolaum homines (Nr. 90), interiorare vestra persona (Nr. 89) statt intrare viam pacis, moveritis statt nuper (Nr. 83), marggravi statt magistrum (Nr. 82), asperibus statt asperum (Nr. 80), pauperibus statt fratribus (Nr. 79) und ähnliches, was sich in den textkritischen Noten angegeben findet, liest, so muss man unwillkührlich auf die Vermuthung kommen, dass der Abschreiber des Lateinischen nicht mächtig und der verschiedenen Abkürzungszeichen in seiner Vorlage unkundig gewesen. In der That fehlen auch an und für sich viele Abkürzungszeichen, weil er wahrscheinlich ihre Bedeutung nicht erkannte, oder sie sind an eine ganz ungehörige Stelle des Wortes gerückt. Manches Wort ist geradezu in drei Theile zerrissen: die Mitte steht selbständig da, der vorderste Theil ist zum vorhergehenden, der hintere zu dem nachfolgenden Worte gezogen. Aus Unachtsamkeit sind dann auch einzelne Wörter versetzt und nicht selten Wörter oder Satztheile ausgefallen. Zum Glück liegt — kann man sagen — in vielen seiner Fehler Methode: et für in, oder quod für pro kommt so oft vor, dass man daran kaum mehr einen Anstoss nimmt, auch merkt man bald, dass er den letzten Buchstaben der Genetivendung is weglässt nobili statt nobilis (Nr. 88), venerabili statt venerabilis (Nr. 90) u. s. w., aber er wirft auch sonst gern den letzten Buchstaben ab und schreibt quo statt quod'oder statt quos. Dass er weder ein Slave noch ein Italiener war, dürfte man aus Wörtern wie videlibus (fol. 68) ersehen; er schreibt freilich aus: folumus (volumus), ficibus (vicibus) u. a. m. Nicht eine einzige der 105 unten mitgetheilten Nummern ist von groben Verstössen und bis zur Unkenntlichkeit entstellten Satztheilen ganz frei.

Bei dieser so fehlerhaften Uiberlieferung des Textes ist es für uns von dem grössten Werth, dass wir — an der Hand von Originalen, die sich erhalten haben, und mittelst Stilmuster in gleichzeitigen Formelbüchern sowohl einzelne Fehler in dem vorliegenden Formular verbessern, als überhaupt uns die Methode zurechtzulegen im Stande sind, nach der solche Fehler verbessert werden müssen. Nummer 34 ist ein Stück, dass sich auch im Original im Archiv des Olmützer Domcapitels erhalten hat und von Boczek im Cod. dipl. Mor. V, 34, 35 mitgetheilt wurde. Vergleichen wir beide Texte miteinander:

| Boczek V, 34, 35. | St. Pauler Cod. fol. 68. |
|---|---|
| In nomine domini amen. | In nomine domini amen. |
| Nos Theodericus, dei gracia Olomucensis episcopus, tenore presencium protestamur et notum facimus universis presentes literas inpecturis, quod cum dilectus Sebehyrdus de Hol- | Nos Theodricus, dei gracia Olomucensis episcopus, tenore presencium protestamur et notum facimus universis presentes literas inspecturis, quod cum *di(le)ctus* nobis *Albertus* de |

lyssow, marschalcus noster, villam Draseyowicz, que est de antiquo feudo ecclesie nostre, a predecessoribus nostris, de consensu nostri Olomucensis capituli et alias canonice infeudatam teneret a nobis et necessitate urgente de consensu nostro ipsam vendere disposuisset et in aliam transferre personam cum onere suo videlicet servicii consueti et ex eodem feudo nobis et successoribus nostris prestandi, quod erat ut cum uno dextrario et apparatu bellico iuxta requisicionem nostram vel successoris nostri exinde serviretur. Tandem honorabilis vir magister Wenceslaus plebanus *in* Hradecz canonicus Wissegradensis, volens pro se et fratre suo Adam ac eius liberis redimere feudum illud, favorem nostrum et licenciam a nobis [1]) — et eum investivimus more solito de eodem, *ita tamen quod ipse Wenceslaus vel eius frater dabit annis singulis in recognicionem bonorum ipsorum canonicis nostris Olomucensibus de manso qualibet mensuram tritici quemadmodum infeudati ceteri dare tenentur*. Et quia sibi graciam facientes, ut ipse vel frater eius non cum dextrario sed cum spadone servire teneantur, ex eo hoc *ex* speciali favoris benivolencia adicimus, quod a data presencium per quadriennium sibi seu fratri suo huiusmodi debitum servicium relaxamus. Testes huius rei sunt fratres nostri Budyzlaus decanus, Cyrus prepositus, Fridericus archidiaconus, Johannes scolasticus, ecclesie nostre et ceteri canonici, qui presentes fuerunt. Item milites Wolframus de Vrenspicz, Ratmirus de Ugezd, Andreas frater Sobehyrdonis. Item famuli Stephanus de Jernowicz, Franco de Modricz, Johaunes *Saxo* de Cremsyr et *alii* quam plurime fide digni. In cuius rei robur perpetuum valiturum presentes literas sibi dari fecimus, sigilli nostri et capituli munimine roboratas. Datum in Olomuncz. Anno domini millesimo ducentesimo nonagesimo quinto. Pridie Kalendas Octobris.

Holysowe, marschalcus noster, villam Draseyowicz, que est de antiquo feudo nostre ecclesie. a predecessoribus nostris, de consensu nostri Olomucensis capituli et alias canonice infeudatam teneret a nobis et necessitate urgente de consensu nostro ipsam vendere disposuisset et in aliam transferre personam cum *honore* suo videlicet servicii consueti et ex eodem feudo nobis et successoribus nostris prestandi, quod erat. ut cum uno dextrario et apparatu bellico iuxta requisicionem nostram vel successoris nostri exinde *servietur*. Tandem honorabilis vir magister Wenceslaus, plebanus Hradecz canonicus Wissegradensis, volens pro se et fratre suo Adam ac eius liberis redimere feudum illud, favorem nostrum et licenciam a nobis — [1]) et cum investivimus more solito de eodem . . . . . . fehlt . . . . . .

. . . . . . . . . . . . . . . . . . . . .
. . . . . . . . . . . . . . . . . . . . .
. . . . . .

. . . . . . Et quia sibi graciam facientes ut ipse vel frater eius non cum dextrario, sed cum spadone servire *cantantur* (!), ex eo hoc speciali favoris benivolencia adicimus, quod a data presencium per quadriennium sibi seu fratri suo huiusmodi debitum servicium relaxamus. Testes huius rei sunt fratres nostri, Widizlaus decanus. Cirus prepositus. Fridericus archidiaconus. Johannes scolasticus nostre ecclesie et ceteri canonici nostri. qui presentes fuerunt. *Ate* (!) milites Wolvramus *talis loci*, Ratimirus *de tali loco*, Andreas frater Sobehyrdonis. Item famuli Stephanus de Gernobicz, Franco de Modricz. Johannes de Cremsyr et quam plurimi fide digni. In cuius rei robur perpetuo valiturum presentes literas sibi dari fecimus, sigilli nostri et capituli munimine roboratas. Datum in Olomuncz anno domini 1295 pridie Kalendas Octobris.

Wir sehen, dass alle Theile des Protokolls: Invocation Inscription. Zeugenreihe und Datierung lm St. Pauler Formular richtig geschrieben sind. Wir würden somit, auch wenn nicht noch andere Gründe vorhanden wären, den im St. Pauler Codex vorhandenen Datierungen. Adressen

---

[1]) In beiden Stücken ganz gleichlautend.

u. s. w. von vornherein kein Misstrauen entgegenbringen. Aber im Text der Urkunde finden wir in St. Pauler Codex doch erhebliche Mängel: es fehlt in der vorliegenden Urkunde ein ganzer sehr wichtiger Satz, es fehlt einem Vornamen sein Zuname: Saxo, es gibt endlich noch eine Reihe kleiner Verstösse, die doch auch recht bezeichnend sind: Wir sehen, er lässt oft ein *in* aus, vertauscht *et* und *in* u. s. w. In dem vorliegenden Falle würden wir, wäre das Original nicht erhalten, nicht im Stande sein, den fehlenden Satz zu ergänzen. Wir können nur vermuthen, dass ein Satz fehlt, da zu erwarten steht, dass der Domherr Wenzel und sein Bruder Andreas das Lehen nur gegen ihre Gegenleistungen erhalten. Leichter sind Correcturen, wenn Formeln zu ergänzen sind, oder wenn für ein Rechtsgeschäft, das erledigt wird, mehrere Urkunden vorliegen, wie unten Nr. 7, 8, 9 und 11. In dem vorliegenden Falle liessen sich aber auch eine oder zwei Verbesserungen des Textes durch den St. Pauler Codex gewinnen. Das ist in viel höherem Grade noch der Fall, wenn wir etwa ein Stück aus diesem Codex mit jener Form vergleichen, in der es in Heinricus de Isernia überliefert ist. So gibt uns z. B. die unten folgende Nummer 20 gleichfalls einen Massstab für die Bestimmung des Werthes des St. Pauler Formulars. Sie enthält jenes Stück, das Johannes Voigt aus dem „urkundlichen Formelbuch des königlichen Notars Heinricus Italicus aus der Zeit der Könige Ottokar II. und Wenzel II." unter Nr. CXLIV mitgetheilt hat. Hier wird man in hohem Grade der inhaltlichen Vorzüge unseres neuen Formelbuches trotz aller seiner formellen Mängel gewahr werden. Man vergleiche:

| Henricus Italicus: | St. Pauler Formular: |
|---|---|
|  | *In nomine domini Amen. Wenceslaus dei gracia regni Bohemie marchionatusque Moravie dominus atque heres, incliti quondam domini Othocari predicti regni gloriosi quinti regis filius, universis presens scriptum inspecturis noticiam* |
| Regiam nostram condecet maiestatem, illos non solum brachiis sincere dileccionis amplecti, verum eciam ampliori promocione attollere, quos in nostris *et parentum nostrorum* devotis et fidelibus serviciis invenimus prompciores. Hinc est, quod, cum dilecti nobis N. devotorum obsequiorum pluralitas *ac sue probitatis honestas fideique illibate constancia nobis et patri nostro carissimo* indefesse exhibitorum talem eum coram nostre magnificencie statuerunt oculis, ut digne ad ipsius promocionis gracius intendamus, habita super hoc *eum nostris fidelibus, qui tunc aderant, videlicet A. B. C. et aliis pluribus* deliberacione diligenti ex mera liberalitate et certa nostra sciencia dicto N. notariam monete sive provisionem in moneta in tali loco cum omnibus | *subscriptorum.* Regiam nostram condecet maiestatem illos non solum brachiis sincere dileccionis amplecti verum eciam ampliori promocione attollere, quos in nostris fidelibus et devotis serviciis invenimus prompciores. *a)* Hinc est, quod cum dilecti nobis *Johannis de Sarobe notarii nostri* devotorum obsequiorum pluralitas indefesse nobis exhibitorum talem *b)* nobis eum coram nostre magnificencie statuerunt oculis, ut digne *c)* ad ipsius promociones gracius intendamus, habita super hoc deliberacione diligenti ex mera liberalitate et certa nostra sciencia dicto Johanni notario nostro provisionem, *que vulgariter, p(f)legambth dicitur, d) sive notaria e) monete Olomucensis provincie, sive faberata f) dicte monete in ipsa civitate Olomucensi fuerit sive in alium locum qualemcunque transferatur,* |

---

*a)* Cod.: prompciouis. — *b)* Cod.: Theutum cum (sic). — *c)* Cod.: dignetur. — *d)* Cod.: debet. — *e)* Cod.: notoria. — *f)* Recte: fabrica.

proventibus et iuribus sive in vestitu sive in *singularum septimanarum* denariorum solucione sive eciam in affusione argenti in denarios fabricandi, quibus N. dicte monete notarius olim temporibus patris nostri predicti eam tenuit et possedit,

duximus graciosius conferendam et tenendam et pacifice et quiete temporibus vite sue, volentes et iniungentes firmiter

magistris monete et monetariis quicunque pro tempore in loco predicto monete preerunt seu denarios fabricabunt, ut dicto N.

obediant et obedire et parere debeant in singulis, que ad prefate monete notariam spectant et spectare vel attinere noscuntur. In cuius rei etc.

cum omnibus proventibus et iuribus sive *a)* in vestitu sive in denariorum, *prout ibidem consuetum est*, solucione sive eciam in affusione argenti in denarios fabricandi, *b)* quemadmodum temporibus predicti patris nostri domini Otakari regni Bohemie gloriosi piissime recordacionis notaria iamdicta sive provisio teneri consuevit, graciose contulimus possidendam pacifice et quiete temporibus vite sue, volentes *ut, in quemcunque locum sive in Grecicz sive in Brodam sive in qualemcunque locum fabrica sive ferrum diete monete transferatur, prenotato Johanni nullum ex eo gravamen sive preiudicium generatur, sed idem Johannes tamquam in ipsa civitate Olomucensi provisionis sepedicte proventus percipiet et tollet integraliter diminucione qualibet procul mota,* precipientes *c)* nihilominus magistris monete *Olomucensis provincie* ac monetariis, quicunque pro tempore ibidem predicte monete preerunt, seu denarios fabricabunt, ut *nostre gracie sub obtentu* memorato *Johanni* obediant et obedire debeant in singulis, que ad prefate monete notariam sive provisionem spectant ac spectare vel attinere noscuntur. In cuius rei testimonium *robur valiturum presens scriptum fieri et nostri impressione anuli, quo tempore date presencium uti consuevimus, fecimus communiri.* Actum *circa Pragam in Insula tali etc.*

Auf den ersten Blick übersieht man, um wie viel reicher ausgestattet das Stück in dem St. Pauler Formular ist, als in Heinrich von Isernia. In diesem fehlt das ganze Protokoll. Hier haben wir die Invocationsformel, die Inscription, die Corroborationsformel und vom Datum wenigstens noch den Ausstellungsort: Ostrow. Ja, wenn wir die Inscription: Wenceslaus ... regni Bohemie marchionatusque Moraviae heres etc..... im Auge behalten, so sind wir auch in der Lage, das Jahr ungefähr zu fixieren, in das die Urkunde zu versetzen ist. Diese Adresse findet sich in den Jahren 1283—1285. Die Verbindung mit dem Ausstellungsorte *in Insula* dürfte sogar noch eine genauere Bestimmung des Datums ermöglichen. Was den Text der Urkunde betrifft: Während Henricus Italicus nichts bietet als die leere Formel, bei der es zweifelhaft war, ob sie auch einem wirklichen Sachverhalt entsprach, führt uns der St. Pauler Codex den Empfänger der Urkunde vor: es ist der auch sonst bekannte Notar Johann von Soran. Ihm wird ein Münznotariat gegeben. Wo sich dies befand, wird in Heinrich von Isernia auch nicht gesagt, hier werden wir an an die Olmützer Münze gewiesen. Auch der terminus technicus „pflegambt" fehlt im Henricus Italicus, ebenso die Anmerkung von den dort üblichen Gewohnheiten. Nach diesen wird er, und auch darüber findet sich in Heinrich von Isernia nichts — seine Einnahmen

*a)* Cod.: sic in. — *b)* Cod.: fabricaudo. — *c)* Cod.: participes oeminus ....

haben und sie auch behalten, falls die Münze nach Ungarisch Brod oder Grätz (bei Troppau) verlegt werden sollte.

Wenn man findet, dass auch Heinricus de Isernia einige Sätze hat, die im St. Pauler Cod. fehlen, so wird man sagen, dass sie hier durch die Unachtsamkeit des Schreibers ausgefallen sind; denn niemand wird bezweifeln wollen, dass die im St. Pauler Codex fehlenden Worte: et parentum nostrorum in der dem Notar gegebenen Urkunde enthalten waren. Man sieht dies ja aus den später folgenden Worten: predicti patris nostri; ganz dasselbe gilt von dem Satztheile: ac sue probitatis honestas fideique illibate constancia nobis et patri nostro carissimo. Erst wenn dieser im St. Pauler Cod. fehlende Satztheil dort eingeschaltet wird, gewinnen die Worte: predictus pater noster ihren Inhalt, der ihnen jetzt fehlt. Schliesslich mochten auch noch die zwei Worte singularum septimanarum in der Urkunde gewesen sein; wogegen uns die Worte cum nostris fidelibus, qui tunc aderant, videlicet A, B, C, et aliis pluribus eine Zuthat Heinrichs von Isernia zu sein scheinen.

Auch hier ist es ein Glück, dass wir an der Hand eines Stilmusters unsern Text nach der formellen Seite hin prüfen können. Wir finden bestätigt, was schon die obige Vergleichung eines Stückes mit einer im Original erhaltenen Urkunde ergab: die Ueberlieferung unseres Textes ist eine recht mangelhafte. Hätten wir nicht das Stück des Heinrichs von Isernia, so wüssten wir mit dem exhibitorum Theutum cum nobis nichts anzufangen. Auch dies Muster gibt uns sonach die Methode zu erkennen, wie ähnliche Fehler soweit als möglich verbessert werden können.

1.

*König Wenzel II. bestätigt dem Prager Bürger Nicolaus Frenzlini und dessen Gattin Kunigunde den Besitz des Dorfes Nozzel (Wessele?), das Wenzel I. dem Münzmeister Eberhard verliehen und dieser an Nicolaus Frenzlini geschenkt hatte. 1283 oder 1284.*

Fol. 61 a

W(enceslaus) dei gracia dominus et heres regni Bohemie et marchionatus Moravie. Postquam summi dispensatoris gracia taliter nos prefecit *a)*, ut splendore natalium clarentes illustrium nostre dicioni subditas habeamus provincias, *ad regie fortune fastigium ascensuri* nostra utique interest, unicuique ministrare iusticie copiam, quo subiecti populi columpna *b)* pacis (et) concordie *c)* vigeant, opulencia polleant et fama nostri nominis tytuli preconia favorabilis attollant. Per presens igitur privilegium noscat tam instans etas quam successura posteritas futurorum, quod nos attendentes villam Nozzel ad dilectum fidelem nostrum N. *d)* Vrenzlinum civem Pragensem et Cunegundim uxorem ipsius atque ipsorum heredes iure atque racionabiliter pertinere ac spectare debere ex donacionis titulo, facto de ipsa villa prefatis *e)* Nicolao et Chunegundi per olim Eberhardum magistrum monete, qui eiusdem ville ac proprietatis ipsius dominus legitimus erat ex concessione olim domini W(enceslai) incliti regis *f)* Bohemie karissimi avi nostri, prout in privilegio eiusdem regis *f)* eadem super concessione facto plenius et evidencius intelleximus contineri; considerantes quoque, quod iidem Nicolaus et Chungundis non absque iniuria destituti fuerant actenus eiusdem ville *g)* possessione, et servicia, que nobis fecerunt, pensantes, ut nostro tempore querelari non possint *h)*, sibi defuisse iusticiam, sed gaudeant pocius iure suo, et ut ipsi atque ipsorum heredes et per hoc nobis et nostris heredibus firmioris fidei nexibus sint astricti, omnem concessionem prius vel per olim patrem nostrum vel quamlibet aliam

---

*a)* Cod.: *prestetit.* — *b)* Cod.: *calumpnia.* — *c)* Cod.: *concordia.* — *d)* Cod.: C. s. dagegen unten. — *e)* Cod. *prevatis.* Der Schreiber hat an sehr vielen Stellen statt f ein v gesetzt, was hier, um den Wust der Noten nicht unnütz zu vermehren, ein für allemal angemerkt wird. — *f)* Cod.: *regi.* — *g)* Cod.: *velle.* — *h)* Cod.: *possunt.*

personam de ipsa villa cuicunque factam tenore presencium annullantes, eandem villam dictis Nicolao et Chungundi ac heredibus ipsorum cum omnibus inribus *a)* et attinenciis ad ipsam *b)* villam pertinentibus liberam a *c)* cuiusque red(d)itus vel servitutis onere concessimus perpetue possidendam. In cuius rei testimonium *d)* et robur perpetuo valiturum presens privilegium fieri et sigillis nostris fecimus communiri. Datum etc.¹)

2.

*König Wenzel II. an den Erzbischof Gerhard von Mainz: Da der Bischof Theoderich von Olmütz sich nicht für competent hält, die Pfarre Grätz, die der bisherige Inhaber Dietrich von Fullstein laut Statut des Lyoner Concils hatte aufgeben müssen, auf die Präsentation des Königs dem Subdiacon Wenzel zu verleihen, und auf ihn als den Metropoliten verweist, so bittet er, die genannte Pfarre dem von ihm präsentierten Subdiacon Wenzel zu verleihen. (Prag. 1289 Feb. 21 — 1290 Nov. 21.)*

Reverendo in Christo patri et domino amico suo karissimo domino Gerhardo sacre sedis Maguntinensis archiepiscopo sacri imperii per Germaniam archicancellario W(enceslaus) dei gracia Bohemie rex, marchio Moravie et eiusdem sacri imperii pincerna, promptam in omnibus ad eius beneplacita voluntatem. Cum Theodricus, subdiaconus Herbordi militis de Volustein quondam filius, ecclesiam in Hredicz curam animarum habentem adeptus post concilium Lugdunense *e)* | per duos annos et circa medium pacifice possederit ut plebanus nec *se ferit* Fol. 61 a *infra annum a tempore commissi sibi regiminis eiusdem ecclesie numerandum in sacerdocium*²), impedimentis quibuslibet cessantibus, *promoveri*, ut ad hoc denique sit promotus: nos de vocacione ipsius ecclesie ipso iure secundum predicti Lugdunensis *f)* concilii statutum per viros *g)* peritos informati et animo *h)* summo desiderio cupientes parrochiales ecclesias per presbyteros gubernari, Wenceslaum subdiaconum electum *i)* Theodrico venerabili Olomucensi episcopo dyocesano ad ipsam in Hradecz ecclesiam presentavimus, ut eum *j)* in ipsa *k)* ecclesia pro pastore legitimo auctoritate ordinaria confirmaret. Idem vero episcopus, asserens ipsius ecclesie institucionem et confirmacionem ad vos tamquam ad metropolitanum esse propter lapsum temporis canonice *l)* devolutam, et in hoc tenens suam offendere conscienciam et ipsum Wenceslaum *m)* super ipso negocio ad vestram duxit paternitatem remittendum, ideoque vestre paternitatis reverenciam rogamus humiliter et devote, quatenus *n)* propter Deum et amore nostri ipsum Wenceslaum ad pre-

---

*a)* Cod.: *viris.* S. 28. Z. 1. — *b)* Cod.: *propriam.* — *c)* Cod.: *et.* — *d)* Cod: *testinium.* — *e)* Cod.: *Ludgunense.* — *f)* Cod.: *Ludunensis.* — *g)* Cod.: *viris.* — *h)* wohl: *animi.* — *i)* Cod.: *elecintum.* — *j)* Cod.: *ut cum.* — *k)* Cod.: *epa*; was offenbar ein Schreibfehler für *ipa* = *ipsa* ist und unten richtig geschrieben wird. — *l)* Cod.: *cananice.* — *m)* Cod.: *Wenceslaus.* — *n)* Cod.: *quarum.*

¹) Als Jahr der Ausstellung ergibt sich nach der Adresse: 1283 oder 1284 s. Cod. dipl. Morav. IV, 288, 289, 290, 291. Dass die Datierung eher auf 1283 zu setzen ist, wird ersichtlich aus dem Worte des Exordiums: ad regie fortune fastigium 'ascensuri'. Wenzel II. kehrte im Jahre 1283 nach Böhmen zurück und hielt am 24. Mai seinen Einzug in Prag. S. Palacky II. 1, 345. Der Name des Prager Bürgers lautet richtig Nicolaus Frenzlini, s. Emler Regg. Boh. II, 613, 637. Der Münzmeister Eberhard erscheint urkundlich zuerst am 25 October 1258 s. Emler Regg. 78 (Nr. 195) u. a. auch wiederholt in Formelbüchern s. ebenda 1014, 1015. Im Jahre 1275 wird von ihm bereits als einem Verstorbenen gesprochen. Ebenda 411, s. auch 580. Das Wort Nözzel dürfte wohl corrumpiert sein aus Wezzel. In der That begegnet uns ein Nicolaus de Wezzel in der Urkunde vom 30. September 1297, Eml. Regg. Boh. 760. — ²) Conc. Lugd. Const. Mansi XXIV, 91.: Is eciam, qui ad huiusmodi regimen assumetur, ut gregis sui crediti diligencius gerere curam possit, in parrochiali ecclesia, cuius rector exititerit, residere personaliter teneatur *et intra annum a sibi commissi regiminis tempore numerandum se faciat ad sacerdocium promoveri* . . . Super residencia . . . possit ordinarius . . . graciam dispensative facere . . .

bendam nostram (si per presentacionem nostram iure *a*) deferre dignemini; quem vobis ex nunc presentamus) *b*) in ipsa ecclesia dignemini confirmare. Si vero plus cupitis (quod pro grato recipimus, utique placet nobis) uti et gaudere iure vestro, quod vobis *c*) acquisitum est ex lapsu temporis in collacione et confirmacione predicte ecclesie, extunc super.... vestre clemencie devocius supplicamus, quatenus eidem Wenceslao subdiacono predictum in Hradecz ecclesiam ad vos devolutam conferre *d*) cum suis pertinenciis et *e*) confirmare dignemini auctoritate metropolitana propter Deum. Datum Praga.¹)

3.

*Der Prager Richter Frowein bekennt, dem Peter de Lapide und seinen Erben 140 Mark Silber zu schulden, verpfändet ihm hiefür seine vier in Prag „inter diciores institas" gelegenen Häuser und verpflichtet sich das Geld an den genau bestimmten Terminen zurückzuerstatten.*

Ego Frowinus iudex Pragensis civitatis tenore presencium *f*) confiteor *g*) et protestor, quod Petro *h*) dicto de Lapide, filio *i*) H. de Lapide, centum quadraginta marcas teneor solvere usualis argenti. Pro quibus centum quadraginta marcis eidem Petro domos meas, sitas inter diciores institas, obligo et prepono, videlicet: domum in qua manet Rudlinus de Patavia, et domum in qua manet Merclinus sororius eiusdem Rudlini, et domum in qua manebat Ulricus dictus Zugerine, et domum in qua manet Michael. Que domus mihi singulis annis hereditarie quindecim marcas solvere tenentur. Quarum *j*) quidem marcarum argenti partem residuam solvendam in festo sancti Michahelis idem Petrus recipiet reservandam. Summe *k*) autem predicte medietatem *l*) scilicet septuaginta marcas predicto Petro solvere debeo *m*) infra Octavam beati | Michahelis proxime affuturam. In quibus septuaginta marcis quidquid census Petrus cum suis heredibus, datis viginti septem de dicta hereditate, ad se receperit, defalcabit. Si autem septuaginta marcas prenominatas infra Octavam Michahelis non persolvero, ex tunc predictus *n*) Petrus cum suis heredibus, datis viginti septem marcis argenti Conrado *o*) camerario, ut hereditatem predictam non impetat, ipsam hereditatem hereditarie possidebit, sicut eam hactenus habui et possedi, sic eciam, ut nullus heredum meorum eandem hereditatem in posterum impetat aut requirat. Prima vero medietate predicte summe in termino iam prefixo *p*) persoluta et censu, quem Petrus in terminum susceperit, defalcato, alteram medietatem *q*) eiusdem summe Petro eidem a festo beatorum apostolorum Petri et Pauli proximo venturo per annum persolvere debeo, occasione qualibet relegata. Petrus iterum sepedictus censum, quem in *r*) festo beati Geor(g)ii aut infra

Fol. 61 c

---

*a*) Die beiden in Klammern stehenden Satztheile sind in der Handschrift ganz verderbt. Statt *iure* steht in der Handschrift *vestre*. — *b*) Statt *presentamus* hat die Handschrift *proaut*. — *c*) Cod.: *nobis*. — *d*) Cod.: *et conferre*. — *e*) fehlt. — *f*) Cod.: presenciam. — *g*) Cod.: considero. — *h*) Cod.: Petrus. — *i*) Cod.: filius. — *j*) Hier scheint ein Satztheil ausgefallen zu sein. — *k*) Cod.: sive. — *l*) Cod.: medietate. — *m*) Cod.: debes. — *n*) Cod.: predictis. — *o*) Cod.: Onodo s. dag. unten. — *p*) Cod.: fuerit persoluta; dann muss aber oben ein S! ergänzt werden; besser ist es, den Text wie oben herzustellen, weil dies dem folgenden defalcato mehr entspricht. — *q*) Cod.: medietate. — *r*) Cod.: *in* verwischt.

¹) Der Subdiacon Wenzel war in der kgl. Kanzlei beschäftigt. Eine Urkunde vom 21. Nov. 1290 hat die Angabe: Datum . . . per manus magistri Wenceslai canonici nostri et *plebani Grecensis*. S. Regg. Bohem. 635 (Nr. 1521). Als Pfarrer von Grätz erscheint er auch später noch. Regg. Boh. 728. Ulber Herbord von Fullstein s. den Cod. dipl. Moraviae III., 199 u. ff. Da Gerhard von Eppenstein am 21. Febr. 1289 Erzbischof von Mainz wurde, so liegt das Datum des obigen Stückes zwischen 1289 und dem 21. Nov. 1290, wo sich Wenzel bereits als Pfarrer zeichnet. Auf die Zeit von 1289 verweist auch der Titel *sacri imperii pincerna* (s. Emler Regg. Boh. II, S. 634.) Von Interesse ist, dass das oben cursiv gedruckte Stück mit dem betreffenden Lyoner Statut wörtlich übereinstimmt. Den Bestimmungen dieses Statuts, die Seelsorge auszuüben, vermochte jedoch Wenzel ebensowenig zu entsprechen, wie Dietrich von Fullstein.

revolucionem anni illius sustulit, defalcabit, et hereditas sepedicta mea erit propria, sicut fuit, antequam Petro sepius dicto obligassem. Si vero infra revolucionem anni a festo apostolorum prememoratorum *a)* alteram medietatem summe scilicet septuaginta marcas persolvere neglexero, extunc Petrus prenominatus, servatis integraliter omnibus supraseriptis condicionibus, videlicet datis septuaginta septem marcis argenti Conrado camerario genero meo et cessante impeticione et requisicione eiusdem Conradi *b)*, heredum meorum meam *c)* hereditatem predictam hereditarie retinebit *d)*. In cuius *e)* rei testimonium et certitudinem *f)* firmiorem presentes literas *g)* sepedicto Petro tradidi sigillo meo et sigillo civitatis Pragensis infraseriptas *h)* etc.¹)

4.

*Abt und Convent eines Klosters (Prämonstratenserstift Leitomischl) überlassen dem Wischehrader Propst Johann für seine dem Kloster geleisteten und noch zu erwartenden guten Dienste einige in Folge von Kriegen zerstörte Ortschaften mit dem Rechte, sie zu colonisieren, und der Verpflichtung des Zehents und des Rückfalls an das Kloster im Falle des Todes oder der Beförderung des Propstes zu einer höheren Stelle. (Prag 129.5 [?]).*

In nomine domini Amen. Tenore presencium notum sit omnibus presentes literas inspecturis quod nos *i)* . . . diligenti *k)* consideratione pensantes, quod honorabilis et discretus vir *l)* dominus C. *m)*, Wissegradensis prepositus, illustris domini nostri Wenceslai regis *n)* Bohemie, ducis Cracovie et Sandomirie ac marchionis Moravie cancellarius, propter favoris prerogativam *o)*, qua eum dominus prefatus affectuose prosequitur, nobis et predicto monasterio *p)* nostro fuerit obsequiosus et utilis actenus in recuperacione bonorum certorum et est ad presens ac esse poterit in futurum in promocione nostra et nostri monasterii erga *q)* serenissimum dominum nostrum Wenceslaum regem *r)* Bohemie predictum et eciam alibi in nostris negociis multipliciter fructuosus, ac volentes eum propterea | retribucionis condigne muneribus premiare ipsumque specialius ad  Fol. 61 a nostras et dicti monasterii nostri promociones *s)* firmius astringere, per quod, sicut probabilibus sentimus indiciis, nostram et dicti monasterii nostri condicionem facimus meliorem, villas nostras sic dictas . . . . *t)* sitas . . prope . . et per guerras destructas, de quibus nullum fructum seu utilitatem habere nec eas per nos informare valentes ista vice, cum propter inopiam nostram tum eciam propter maliciam vicinorum *u)* cum omnibus agris cultis et incultis, pascuis, pratis, silvis,

*a)* Cod.: *premorator.* — *b)* Cod.: *Conrado.* — *c)* Cod.: *nam.* — *d)* Cod.: *retinebis.* — *e)* Cod.: *Intus rei.* — *f)* Cod.: *certitudine.* — *g)* Cod.: *presentem litteram.* — *h)* Cod.: *infrascripti.* — *i)* In der Handschrift keine Lücke. Weiter unten werden genannt: abbas, prepositus, prior et conventus. Das Wort subprior ist ausgefallen. s. Boczek V, 30. — *k)* Cod.: *eciam diligenti.* — *l)* Cod.: *quot honorabili et discretis vir et.* — *m)* S. die unten folgende Note Nr. 1. — *n)* Cod.: *regi.* — *o)* Cod.: *prerogatam que cum.* — *p)* Cod.: *menu.* — *q)* Cod.: *ego.* — *r)* Cod.: *fehlt.* — *s)* Cod.: *et promociones.* — *t)* Im Cod. keine Lücke. Die Orte s. bei Boczek V, 30. — *u)* Cod.: *viciorum.*

¹) Die obige Urkunde ist auch vom Standpunkte der Topographie von Prag nicht ohne Bedeutung, sachlich wegen des Systems der Anlehen und ihrer Rückzahlung interessant. Der Name Frowins (Froweins) begegnet uns zuerst als Bürgers von Prag und zwar schon seit 1260 (s. Regg. Bohem. ed. Emler 105, 182, 1226, 627); als Richter erst seit 1282, was der obigen Urkunde entspricht. Petrus de Lapide (warum Emler seinen Namen slavisiert, ist nicht ersichtlich, eher könnte man aus den Vornamen Eberlein, Heinrich u. s. w. schliessend ihn „vom Stein" nennen) gehört einer alten Prager Familie an. In den Urkunden jener Zeit begegnet uns nicht bloss der Name von Peters Vater Heinrich (Regg. 40), sondern auch ein Lintolfus de Lapide, oft Petrus de Lapide (Regg. 626, 627, 675), Konrad, Otto und Eberlinus de Lapide. In unten folgenden Stücken finden wir Heinrich (11, 19, 80), Petrus (6, 19) und Konrad (11, 19, 21) de Lapide. Bedeutend tretend einige Mitglieder dieser Familie in den Thronstreitigkeiten nach dem Aussterben der Přemysliden hervor: s. Königsaaler Geschichtsquellen 247, 312, 349 u. 388.

aquis *a)*, montibus, libertatibus et omnibus iuribus *b)*, pertinenciis et utilitatibus ad easdem villas spectantibus et que ab antiquo ad ipsas spectare consueverant, prefato domino C. preposito confirmamus et donamus, nullo aut *c)* dolo vel metu aliquo inducto sed bona et libera voluntate nostra tenendas, possidendas et utifruendas per eum et per omnia tempora vite sue. accedente ad hoc predicti domini nostri regis et venerabilis in Christo patris domini *d)* Thobie Pragensis episcopi beneplacito et consensu. Quas quidem villas idem dominus prepositus locare potest in censum quibuscunque hominibus iuxta sue beneplacitum voluntatis. De quo censu promisit nobis decimam marcam argenti annis singulis assignare, promittens nichilominus expresse, quod in predictis villis infra sex annos a dato presencium curiam et araturas propriis *e)* sumptibus, sicut sibi placuerit, informabit. De qua curia et aratura, postquam eas informaverit, promisit, nobis sponte et de speciali gracia sua maxime propter Deum et pro remedio salutis proprie, quamdiu predictas villas tenuerit, omnes decimas maiores et minores annis singulis plene dare et solvere tam de animalibus quam de agris, adiciens insuper bona fide, quod nos bona monasterii nostri ab omnibus iniuriis et gravaminibus defendet et illicite abstracta seu alienata bona iuxta posse revocare ad nostrum monasterium procurabit. Promittimus quoque ac obligamus nos et successores nostros harum serie literarum predictam collacionem nostram dicto domino C. preposito *f)* ipsam ratam semper et firmam tenere ac eam inviolabiliter servare, contra ipsam in toto vel in parte per nos vel alium aut alios aliquo tempore non venire. Post mortem vero predicti domini C. prepositi vel eciam in vita sua, si *g)* ipsum divina clemencia adiuvante ad alciorem dignitatis gradum promovere contingeret, aut si fortasse statum suum mutaverit quoquo modo, prefate ville cum equis, pecoribus et aliis omnibus animalibus ac annonis sive | de omnibus tunc ibidem *h)* existentibus omnique alio melioramento statim ad nos et monasterium nostrum libere ac sine difficultate aliqua revertentur. Ceterum nos predicti abbas, prepositus. prior et conventus in hiis omnibus expresse renunciamus omni iuris canonici et civilis ac terre constitucionis, consuetudinis vel statuti privilegii, indulgencie ac literarum apostolicarum vel quarumlibet aliarum cuiuscumque generis per nos impetratarum vel impetrandarum auxilio, quod nos posset contra predicta omnia vel eorum aliquod aliquo tempore quomodolibet adiuvare.[1])

5.

*Heinrich von Neuhaus (recte: Ulrich) verpflichtet sich, eine von dem Prager Bürger C. von Eger (recte Matthäus) entlehnte Summe von 27 Mark 5 Loth an den nächsten Pfingsten zurückzuzahlen. Die Bürgschaft übernimmt sein Ritter Branczeuch.*

Nos H. de Novo castro tenore presencium promittimus *i)* C. de Egra civi Pragensi dare et exsolvere viginti septem marcas puri argenti et quinque lotones supra festo *k)* Pentecosten

---

*a)* Cod.: *aquibus aquis*. — *b)* Cod.: *viribus*. — *c)* Cod.: *autem*. Der Gebrauch von aut unmittelbar neben vel auch bei Boczek V, 31. — *d)* Cod.: *domini nostri*; s. dagegen Boczek, S. 31. — *e)* Cod.: *proprii*. — *f)* Cod.: *preposito icam*. — *g)* Cod.: *se*. — *h)* Cod.: *idem*. — *i)* Cod.: *permittamus*. — *k)* Cod.: *festum*.

[1]) Der Zusammenhang dieses Stückes mit Boczek, Cod. dipl. Mor. V, 30 (Nr. 29), liegt zu Tage. Dort heisst es: Das Prämonstratenserstift in Leitomischl verkauft dem Propst Johann von Wischehrad die in Mähren gelegenen Dörfer Wokow, Pamětic und Kladrub. Prag. 11. Mai 1295. Nach dieser Urkunde, mit der die formelhaften Theile der obigen grossentheils wörtlich übereinstimmen, konnten die zahlreichen Fehler der obigen verbessert werden. In dem obigen Stück scheint mir keine auf Grund der Urkunde vom 11. Mai 1295 verfasste Stilübung vorzuliegen, sondern eine Abänderung des damals abgeschlossenen Vertrags. Dieser kommt im Wesentlichen beiden Theilen zu gute. Darnach ist oben statt C. zu lesen Johannes. Es ist der bekannte Stiefbruder Wenzels II. S. über ihn Emler, Die Kanzlei der böhmischen Könige Přemysl Ottokars II. und Wenzels II. in der Abb. der kgl. böhm. Ges. der Wiss. VI. Folge, IX. Bd., S. 38 und die Einleitung. Von ihm handeln noch die unten folgenden Nummern 21. 22. 23. 24. 25. 26. 27. 28. 32. 35. 36. 92.

proxime nunc venturo. Quod si non fecerimus, ex tunc Brauczeuch miles noster Pragensem civitatem nomine obstagii subintrabit, non recessurus de eadem civitate, nisi prius dicto C. de predicta pecunia sua sit satisfactum integraliter et ex toto. Et si dictus miles infra dicti temporis spacium decederet, extunc nos propria in persona vel alter miles noster in predicto solucionis pecunie termino civitatem Pragensem nomine obstagii intrabimus sub singulis condicionibus superius annotatis. In cuius rei testimonium presentes conscribi fecimus literas (et)*a*) sigilli nostri munimine communiri. Actum et Datum.¹)

6.

*Entscheidung eines Besitzstreites zwischen dem Schneider C. Baier und Meinhard Wölfel, Bürgern von Prag. Baier wird die an Meinhards Hof anstossende Grundfläche, darauf er ein Haus erbaut, zeitlebens benützen, wogegen er der Familie Meinhards die Kleider zu nähen hat. Nach Baiers Tod darf dessen Witwe das Haus frei verkaufen; das Vorkaufsrecht bleibt Meinhard Wölfel und seiner Familie gewahrt.*

Ego C. sartor Babarus dictus civis Pragensis recognosco tenore presencium protestando quod (de) *b*) materia litis inter Meynhardum, filium quondam Wolflini, ex una parte et inter me ex altera super aream et curiam *c*) apud *d*) curiam eiusdem Meinhardi sitam *e*), quam meis propriis construxi *f*) edificiis, consilio proborum sociorum penitus computata, taliter fore dinoscitur diffinitum, ut dictam aream de favore *g*) et consensu dicti Meinhardi habere, tenere et possidere debeam omnibus *h*) vite mee temporibus pacifice et quiete sine cuiuslibet census seu exaccionis onere dicto Meinhardo aut suis heredibus de dicta area exsolvendo, cauto *i*) hoc adhibito et expresso, ut quandocunque in anno dictus Meinhardus et se et suam familiam duxerit vestiendum *k*), vestes quas necessarias habuerit, sibi et sue familie preparare debeo et sarcire. Est preterea inter predictum Meinhardum et me taliter ordinatum, ut postquam divina volente clemencia morte preventus fuero, uxor mea heredesque mei edificia in dicta area constructa alienare seu vendere poterunt pro sue libito voluntatis. Que edificia si dictus Meinhardus emere aut exolvere voluerit, ad hoc pocius quam alter liberam et plenam habeat facultatem tenore presentis scripti, promittens Fol. 62 b quod *l*) de dicta area, que ad ipsum Meinhardum pertinere dinoscitur, post mortem meam nullam accionem seu questionem movere debeant *m*) aliquatenus vel habere. In cuius rei testimonium presentes conscribi feci litteras sigillo *n*) civitatis Pragensis munitas. Testes huius rei sunt Hilmarus Fridingerus, Symon Stucho, Albertus Meinhardi, Jacobus cives *o*) Pragenses.²)

 — —

*a*) Cod. fehlt. — *b*) Cod. fehlt. — *c*) Cod.: *cuream*. — *d*) Cod.: *aut*. — *e*) Cod.: *sita*. — *f*) Cod.: *constri*; also auch *construxi* möglich. — *g*) Cod.: *faciore*. — *h*) Cod.: *omnibus diebus vite mee temporibus*. — *i*) sic; für *cautela*. — *k*) Cod.: *vestigendum*. — *l*) *de* fehlt. — *m*) Cod.: *debeat*. — *n*) Cod.: *sigilli*. — *o*) Cod.: *cives*.

¹) Vgl. die 'Obligatorie' im Formelbuche Ottokars II. bei Boczek Cod. dipl. Mor. VII, 970. Eines Heinricus de Novocastro gedenkt die Urkunde de dato Welehrad XIII. Kal. Aprilis 1299. Der ist aber mit dem oben genannten kaum identisch, denn der in jener Urkunde genannte Heinricus de Novocastro ist atavus des Ausstellers der Urkunde Ulricus de Novocastro. Jener Heinricus de Novocastro lebt 1233, s. Emler 1160. Es ist hier offenbar eine Verwechslung mit Ulricus de Novocastro, wie er mit seinem richtigen Namen unten in Nr. 42 vorkommt. Der Name der Bürgen ist auch kein erfundener. Wir finden ihn in einer Urkunde vom 27. November 1297, in der derselbe Ulrich von Neuhaus den Templern einen Hof bei Ruderschlag schenkt, als dominus Bransod wieder. S. Boczek, Cod. diplom. Morav. V, 78. — ²) Uiber die Familie Wölfel s. Emler, Regg. II. 610, 636, 736; Hiltmar genannt Fridinger. Ebenda S. 502, 626. Simon Stuck 502, 610, 613 u. a. Albertus Sohn des Meinhard. Ebenda S. 626. Jacobus dürfte auch ein Mitglied der Familie Wölfel sein; s. ebenda S. 687, 736 u. die folgende Nummer.

7.

*Soběhrd, Marschalk des Olmützer Bisthums, sein Bruder Andreas u. Witiko von Aupa verpflichten sich bezüglich einer auf ihre Besitzungen aufgenommenen Schuld von 112 Mark Silbers die Genehmigung des Bischofs Theoderich von Olmütz u. des Domcapitels daselbst einzuholen. 1300. April.*

Nos Zobehurde de Olessaw et Andreas frater eius nec non dominus Witkou de Ypra tenore presencium promittimus acquirere et ordinare patentes literas consensus domini nostri Theodrici venerabilis Olomucensis episcopi et capituli a) loci eiusdem in Octava Pentecostes proxime nunc venturo honesto viro Jacobo, quondam filio Wolflini, civi Pragensi super obligacione quarundam hereditatum b) eidem Jacobo et suis heredibus facta in c) quadringentis et duodecim marcis argenti, sicut in d) instrumentis patentibus super eo confectis plenius continetur, tenore presentis scripti promittentes, quod si dictas literas dictorum domini episcopi et capituli in dicto termino predicto Jacobo vel suis heredibus non ordinaverimus vel acquiremus, extunc immediate post dictam Octavam civitatem Pragensem nomine obstagii intrare promittimus et debemus, nunquam ab eadem civitate recessuri, nisi prius dicto Jacobo et heredibus suis de prescripta pecunia sit satisfactum e) integraliter et ex toto. Quod si non fecerimus, ex tunc violatores nostri promissi de cetero volumus ab omnibus reputari. In cuius rei testimonium presentes litteras conscribi fecimus et sigillorum nostrorum munimine communiri. Actum et datum.[1])

8.

*Soběhrd von Holleschau verpfändet mit Zustimmung des Bischofs Theoderich von Olmütz und des Domcapitels daselbst Schloss und Markt Holleschau sammt dazu gehörigen Dörfern um die Summe von 112 Mark Silber an den Prager Bürger Jacob Wölfel. Prag 1300 April 18.*

Nos Zebehurde de Holessaw nec non heredes nostri notum facimus f) universis tenorem g) presencium inspecturis (quod nos) h) et de voluntate et de consensu reverendi in Christo patris et domini nostri Theodrici venerabilis Olomucensis episcopi et canonicorum eiusdem loci castrum Olessaw ac villam forensem i) eiusdem nominis nec non villas tales cum omnibus attinenciis suis ad easdem villas pertinentibus eo iure, quo nos et heredes nostri idem castrum et villas predictas cum suis attinenciis a dicto domino nostro episcopo habere dinoscimur, honesto viro Jacobo, filio quondam Wolflini, civi Pragensi a festo sancti Georii primo nunc venturo usque per annum in quadringentis et duodecim marcis puri argenti nomine pignoris duximus presentibus obligandum. De quo castro et eius attinenciis predictis nos eidem Jacobo tum k) cessisse profitemur et idem castrum, cum nunciis consulum Moravie assignasse, tenore presentis scripti promittentes, quod si dictum castrum cum predictis suis attinenciis a dictis Jacobo et suis heredibus 

Fol. 62 c   vel eciam ab illo, cui presens scriptum nomine sui duxerint committendum, non exsolverimus | in termino superius prenotato, extunc sepedicti Jacobus et l) heredes sui vel illi, cui presens scriptum

---

a) Cod.: *capellani*. S. dagegen unten. — b) Cod.: *hereditatem*. — c) Cod.: *in ōdingentis*. — d) Cod.: *sicut* in fehlt. — e) Cod.: *sicut factum*. — f) Cod.: *fecimus*. — g) Cod.: *tenore*. — h) Cod.: fehlt. — i) Cod.: *voriensem*. — k) Cod.: *tam*. — l) Cod.: *in*.

[1]) Soběhrd ist Marschalk des Bisthums Olmütz. S. Boczek, IV, 299, V, 34, 35, Emler 585, 728. 747. Sein Bruder Andreas ist Zeuge in einer Urkunde vom 30. Sept. 1295, s. Boczek, IV, 35, Witiko von Aupa — dieser richtige Name erscheint unten Nr. 8 — auch von Schwabenitz (s. unten Nr. 11.) s. Boczek IV, 274, 311, 328, 411. Ueber Jacob Wölfel s. Nr. 6. Das Datum wird aus der folgenden Urk. ersichtlich.

commissum fuerit vel exhibitum, plenam et liberam habere poterunt a) facultatem dictum castrum cum villis predictis et eorum attinenciis obligandi, vendendi, vel eciam alienandi sub huiusmodi obligacionis, vendicionis et eciam alienacionis cantela b), ut sepedictis Jacobo et suis heredibus vel eciam illi, cui presens scriptum commissum fuerit vel exhibitum, de totali pecunia superius prescripta satisfiat integraliter et ex toto. Et si, quod absit, sepedicti Jacobus cum c) suis heredibus vel eciam illis, quibus presens scriptum commissum fuerit vel exhibitum, in obligacione, vendicione seu eciam alienacione dictarum hereditatum aliquod paterentur d) inpedimentum, racione cuius inpedimenti prescriptam totalem non possent e) habere pecuniam, extunc dicti Jacobus et sui heredes vel eciam ille, cui presens scriptum commissum fuerit vel f) exhibitum, dictas hereditates cum suis attinenciis in sua tam diu teneant g) et habeant potestate, quam post dictum terminum hereditates non fuerint exsolute, absque omni defalcacione pecunie capitalis superius expresse, donec ei vel illi, cui presens scriptum commissum fuerit vel h) exhibitum, totalis pecunia superius expressa persoluta fuerit integraliter et complete. Provisum est eciam et assumptum, quod si sepedicto Jacobo et suis heredibus vel eciam illis, cui presens scriptum commissum fuerit in prescripto termino, quod absit, non exsolverimus i) pecuniam prenotatam, extunc nos et frater noster Andreas nec non dominus Widkaw de Upa civitatem Pragensem nomine obstagii bona fide et absque omni dolicapcione intrare permittimus et debemus, nunquam exituri de eadem civitate nisi prius sepedictis Jacobo et suis heredibus vel eciam illi, cui presens scriptum commissum fuerit, de predicta pecunia fuerit integraliter satisfactum k). Quod si non fecerimus l), extunc promissi nostri violatores ab omnibus volumus reputari. In cuius rei testimonium presentes litteras ex certa nostra (consciencia) m) conscribi fecimus et sigillorum n) domini Witgonis o) de Upa, Andree de tali loco p), fratris nostri dilecti atque nostri munimine communiri. Actum et datum Prage anno domini 1300 XIV q) Kal. Magi.¹)

9.

*Bischof Theoderich u. das Domcapitel von Olmütz gestatten, dass Sobehrd von Holleschau Schloss u. Markt Holleschau u. die Dörfer Draseowitz u. Chusapi an Jacob Wölfel von Prag um die Summe von 412 Mark S. verpfände. 1300 April.*

Nos Theodericus dei gracia episcopus Olomucensis nec non universi canonici eiusdem loci r) recognoscimus tenore presencium protestantes, quod obligacionem castri Holessaw ac ville forensis eiusdem nominis nec non aliarum duarum villarum Draseawitz et Chusapi sitarum s) circa villam nostram olim cum earum attinenciis per dominum Zobehurdum familiarem nostrum dilectum factam honesto viro Jacobo, filio quondam t) Wolflini, civi Pragensi in quadringentis et duodecim marcis argenti a festo ] sancti Georii proxime nunc venturo usque per annum eidem Jacobo et suis heredibus persolvendis u) eo iure, quo dictus Zebehurdus et sui heredes heredumque successores dictas hereditates cum suis attinenciis a nobis habere dinoscuntur.

---

a) Cod.: *poterint*. — b) Cod.: *cautelaue* statt *cautela* vt. — c) Cod.: *et suis*. — d) Cod.: *et rucione inpedimentum*. — e) Cod.: *possunt*. — f) Cod.: *et*. — g) Cod.: *teneat*. — h) Cod.: *et*. — i) Cod.: *absolverimus*. k) Cod.: *sacertum*. — l) Cod.: *fecimus*. m) Cod.: fehlt. Ergänzt nach der folgenden Urk. n) Cod.ı *sigillorum*, — o) Cod.: *Wigoni*. — p) Cod.: *antedictus* (?) *loci*; de tali loco orginal nach Nr. 9. — q) Cod.: *XXIV* — r) Die Worte *nec non -- loci* stehen im Cod. an falscher Stelle, nämlich erst nach: *protestantes*. — s) Cod : *sitarum*. — t) Cod.: *quondam filio*. — u) Cod.; *persolvendi*.

¹) Vgl. oben Nr. 7. Die Ortschaften, die ausser Holleschau noch verpfändet werden, nennt die folgende Nummer.

ratam et gratam habere volumus et tenere sub dicte obligacionis cautela plenius adhibita et expressa, quod si sepedicti Zebehurdus et sui heredes dictas hereditates cum suis attinenciis in prescripto termino non *a)* exsolverint a dictis Jacobo et suis heredibus vel eciam, cui presens scriptum commissum fuerit et exhibitum, extunc dicti Jacobus et sui heredes vel eciam ille, cui presens scriptum exhibitum fuerit et commissum, plenam et liberam habere poterunt facultatem, dictas hereditates cum suis attinenciis obligandi, vendendi vel eciam alienandi sub huiusmodi obligacionis, vendicionis seu alienacionis cautela, ut eis de prescripta pecunia satisfiat integraliter et ex toto; sepedictas *b)* preterea hereditates tam diu in sua teneant et habeant potestate et percipiant omnes utilitates, usufructus vel eciam censum, que et qui a predictis hereditatibus poterunt provenire. Et si heedem hereditates in dicto termino non fuerint exsolute absque omni defalcacione pecunie presentis et superius expresse, tam diu, donec eis vel illi, cui presens scriptum fuerit exhibitum et commissum, totaliter pecunia prenominata fuerit ex toto et integraliter persoluta.. *c)* Provisum est eciam et assumptum in obligacione dictarum hereditatum, quod si sepedicti Zebehurde et heredes sepedictas hereditates non exsolverint in termino prenotato, ex tunc dictus Zebehurdus et frater eius Andreas de tali loco nec non dominus Witigo de Upa civitatem Pragensem nomine obstagii subintrare debent et tenentur difficultate qualibet non obstante, nunquam recessuri civitate de eadem, nisi prius sepedictis Jacobo et heredibus suis vel eciam illi, cui presens scriptum exhibitum fuerit et commissum, de predicta pecunia fuerit integraliter satisfactum. Quod si non fecerint, ex tunc sui promissi debeant violatores de cetero ab omnibus reputari. In cuius rei testimonium presentem litteram ex certa consciencia nostra scribi fecimus et sigilli nostri munimine communiri. Actum et datum etc.

10.

*Der oberste Kämmerer Böhmens, Burggraf Burkhard von Magdeburg, spricht Nicolaus Faber von einer wider ihn erhobenen Anklage frei und stellt ihm hierüber eine Urkunde aus. Prag.*

Nos Burchardus de Maideburch puregravius, regni Bohemie camerarius, tenore presencium recognoscimus publice profitentes *d)*, quod discretum virum Nicolaum Fabrum civem Pragensem Nove civitatis | de quadam causa, pro qua sine prolacione sentencie accusatus fuerat, coram nobis liberaliter expurgamus *e)*, ita quod omni iure, forma *f)* et discrecione tamquam persona ydonea et fidelis ulterius frui debet pariter et gaudere. Ne autem idem Nicolaus ab aliis camerariis nobis succedentibus pro huiusmodi casu *g)* valeat impugnari sive calumpniari, scriptum in posterum presens conscribi fecimus nostri sigilli munimine communitum sepedicto Nicolao pro videnti testimonio et cautela. Actum et datum Prage etc.

*a)* Cod.: fehlt. — *b)* Cod.: *sepedictis.* — *c)* Hier fehlt der ganze Nachsatz: *dictas hereditates in sua teneant et habeant potestate.* — *d)* Cod.: *provitentes.* Statt f wird häufig v gesetzt. — *e)* Cod.: *expurcamus.* Recte: *expurgavimus.* — *f)* Cod.: *fore.* — *g)* Recte: *causa.*

¹) Uiber Burkhard von Magdeburg s. Emler Regg. 887, 914, 956. Was seine Familie und seine Stellung in Böhmen betrifft, s. oben die Einleitung. Vgl. auch die Nr. 77. Note. Von ihm rühren, beziehungsweise an ihn gerichtet sind ausser dem obigen Stücke die Nummern 36, 41, 69, 71, 74, 75, 76, 77, 79, 80, 84, 85, 86, 87, 88, 89, 90, 91, 92. Zu dem Worte camerarius die Erklärung Braudls im Index zum VII. Bd. des Cod. dipl. Morav. p. 10. Darnach ist camerarius nicht der Kämmerer des Landrechtes, sondern jener oberste kgl. Beamte, der seit dem XIV. Jhdt. capitaneus hiess. Er stand dem „iudicium terrae" vor.

11.

*Sobĕhrd von Holleschau bekennt, an Eberlein. Konrad und Heinrich de Lapide 26 Mark Silber, das ihnen von altersher zukommt, und 60 Mark „werbeit" schuldig zu sein, und verpflichtet sich überdies, ihnen einen auf 256 Mark berechneten Schaden zu vergüten. Prag o. D.*

Nos Zebehurde de Olessaw notum facimus universis tenorem *a)* presencium inspecturis, quod tenemur *b)* honorabilibus viris et discretis Eb(er)lino, Conrado et Hainrico de Lapide dictis civibus Pragensibus viginti sex marcas puri argenti Pragensis ponderis de pecunia, quam eisdem ab antiquo solvere tenebamur. Super quo debito nostras eis literas dederamus; et tenemur dictis civibus LX marcas argenti, quod vulgariter *werbeit* nuncupatur, et dampnum quod in ducentis et quinquaginta sex marcis argenti receperunt: illud predictum dampnum una cum pecunia superius prescripta promittimus sincere et absque omni dolo persolvere, resarcire et et resumere *c)*, quam ex prescripta pecunie *d)* solucione se asserunt recepisse et ad hoc reperire possunt, totum solvemus secundum graciam eorundem sepedictorum Eberlini, Cunradi et Hainrici civium Pragensium. Ceterum promittimus dictis civibus stare et iacere in Pragensi civitate nomine obstagii ad eandem civitatem, nunquam recessuri, nisi prius dictis Eberlino, Cunrado et Hainrico de prescripta pecunia fuerit satisfactum integraliter et ex toto, tam de XXVI marcis quam eciam de dampno, quod se fatentur recepisse et adhuc recipere possunt. Quod si non fecerimus aut nostra promissa superius prescripta non impleverimus *e)*, quod absit, ex tunc dominus Witigo de Zwabenicz nec non de Hermanicz debet et tenetur *f)* intrare Pragensem civitatem nomine obstagii et ab eadem *g)* civitate nunquam recessuri (sic), nisi prius sepedicto Eberlino, Cunrado et Heinrico de totali pecunia una cum dampno fuerit satisfactum integraliter et complete. In cuius rei testimonium presentes literas ex certa nostra consciencia conscribi fecimus et sigillorum domini Witigonis de Svabenicz et de Hermanicz ac nostri munimine fecimus communiri. Datum Prage.¹) ]

Fol 63 b

12.

*Der Kanzler Peter, Propst von Wissehrad, gibt dem Leitmeritzer Bürger Konrad von Gabel einen der Prager Kanzlei zugehörigen Hof der Trebitscher Pfarrer zu emphyteutischem Recht mit der Verpflichtung, dem Pfarrer jährlich das fünfte Halbviertel als Zins zu entrichten. Vor dem 21. November 1290.*

Noverint universi presentes litteras inspecturi, quod nos P., dei gracia Wissegradensis prepositus, cancellarius regni Bohemie, honesto viro domino Cunrado de Gablana civi Lutmericensi *h)* curiam, possessionem ecclesie s. Petri in Trebicie a(d) nos ex beneficio cancellaris spectantem *i)* de voluntate et iusticia domini Johannis de Saphemburch plebani iam dicte ecclesie propter necessitates nostras, ut ex eo possimus alia bona prepositure, que nunc penitus sunt deserta, aliqualiter reformare, locavimus et *iure emphiteotico* concedimus perpetuo possidendam, ita videlicet quod idem civis per se aut successores suos plebano ipsius ecclesie sancti Petri, qui nunc est vel quicunque postmodum fuerit, semper annuatim quintum medium fertonem solvere teneatur. *k)* Ad utilitatem eciam eiusdem ecclesie sepedicte *l)* precipue attendimus et

*a)* Cod.: *tenore*. — *b)* Cod.: *tememur*. — *c)* Cod.: *resumplere*. — *d)* Cod.: *pecunia*. — *e)* Cod.: *impleveremus*. — *f)* Cod.: *debent et tenentur*. — *g)* Cod.: *et ad eandem civitatem*. — *h)* Cod.: *Lutmeriscenti* — *i)* Cod.: *spectantis*. — *k)* Cod.: *teneatur hanc*; hier liegt gewiss ein Fehler vor. — *l)* Cod.: *sepedicto*.

¹) Ueber Sobĕhrd v. Holleschau u. Witiko von Schwabenitz s. oben Nr. 7. Ueber Petrus de Lapide s. oben Nr. 3. Das Wort werbait, dürfte mit baiten = warten zusammenhängen; s. Schmeller, Bayr. Wörterbuch I, 215.

vocamus, quia cum ante de predictis curia et possessione, cum per tempora locarentur, centum tres fertones percipere potuisset, nunc ex quo locantur a) et in emphiteosim perpetue conceduntur, quintum medium fertonem, sicut premisimus, obtinebit. Hoc autem fatemur, quod memoratus civis propter hoc nobis donum et munus exhibuit, quod sex marcas antea nobis dedit. Testes huius rei sunt Fridericus scolasticus, Henricus, Arnoldus, Hermannus canonici Wisegradenses. Cui literas dedimus sigilli nostri et civium Pragensium munimine roboratas. Datum et actum.¹)

13.

*Rudolf, Custos an der Prager Kirche, entscheidet über die Bestrafung des Domherrn Theoderich von Fallenstein, wegen Nichteinhaltung eines ihm in seinem Streit mit dem Magister Wenzel um den Besitz der Pfarre Grätz gestellten Termins und setzt ihm einen neuen Termin auf die Octave nach Ostern.*

In nomine domini Amen. Anno domini 1290, quarto Kalendas Januarii nos Rudolfus custos Pragensis ecclesie, iudex subdelegatus a b) honorabili viro domino preposito Pragensis ecclesie iudice delegato a sanctissimo in Christo patre domino N(icolao) IV in causa, que vertitur vel verti speratur inter magistrum Wenceslaum c), plebanum in Greciz ex una et dominum Theodericum canonicum d) Olomucensem ex parte altera Olomucensis dioecesis recepimus litteras subdelegacionis nostre sigillatas sigillo predicti domini Pragensis e) prepositi iudicis subdelegati non cancellatas, non viciatas, non aboletas et omni suspicione carentes, quarum tenor quoad omnia talis erat:

*Honorabili viro* etc. Volentes igitur mandatum huiusmodi cum debita reverencia prosequi et cum debita diligencia adimplere ad peticionem prefati magistri Wenceslai plebani in Grecz, fecimus citari f) Pragam ad nostram presenciam dominum The(odericum) canonicum predictum per nostras litteras directas plebano in Opavia; quarum literarum continencia talis est: *Viro provido g) plebano | Opavie fratri Hospitalis s. Marie* etc. Die igitur tercio videlicet feria quinta proxime post festum beate Gertrudis anno domini 1291 adveniente comparente h) Friderico canonico Wissegradensis ecclesie procuratore prefati magistri Wenceslai coram nobis die et termino predictis et petente a nobis, ut de dampnis et iniuriis sibi fieri insticiam de The(oderico) predicto, quem clamari et vocari fecimus. Qui quidem Theodericus cum nec per se nec per qualemcunque responsalem per totam diem expectatus per nos curavit munimine comparere, die vero sequenti feria sexta pretendente i) Friderico procuratore magistri Wenceslay predicti, ut propter obstinaciam k) predicti Theodorici ipsi l) Wenceslao predicto et sibi procuratorio nomine in expensis quoad illum terminum condempnare debemus, scilicet in duabus marcis argenti; quem Theodericum exigente sua contumacia habito consilio sapiencium condempnavimus interloquendo in expensis tam petitis sepedictis Wenceslao et Friderico procuratori suo. Verum quia post

---

*a)* Cod.: *locatur.* — *b)* Cod.: *ac ... domino.* Der Name fehlt. — *c)* Cod.: *et plebannm.* — *d)* Cod.: *canonico.* — *e)* Cod.: *Pragensi.* — *f)* Cod.: *curari.* — *g)* Cod.: *plena plebano.* — *h)* Cod.: *comparante.* — *i)* Cod.: *pretendere.* — *k)* Cod.: *occinaciam.* — *l)* Cod.: *ipsi The Wen.*

¹) Der Magister Peter war 1262 Kaplan des böhmischen Königs, 1264 Protonotar und Domherr ohne die Verpflichtung bei seiner Kirche residieren zu müssen. Ende 1265 erhielt er die Wissebrader Propstei u. damit die Kanzlerwürde in Böhmen. Zwischen den 14. September 1288, wo er das letztemal urkundet, und den 21. November 1290, wo schon sein Nachfolger Propst Johann genannt wird, fällt sein Tod. S. hierüber alles Weitere bei Emler S. 23—26. Konrad von Gabel erscheint urkundlich 1282, s. Emler Regg. 548. Johann von Aschaffenburg ebenda S. 214. Fridericus scholasticus ebenda S. 1166. Arnold u. Hermann ebenda S. 884. Heinrich ebenda S. 522, 576, 592, 1091, 1091.

prefatum terminum quidam nuncius ipsius Theoderici accedens ad nos litteras excusatorias sue absencie nobis presentavit, in quibus dicebat se esse captum et spoliatum, propter hoc scribebat in eadem littera, se in prefato termino non potuisse interesse, hoc et quedam alia, que in litteris suis continentur, se offerens legitime probacioni *a)*. cuius litere excusatorie (tenor) *b)* talis est: *Honorabili viro domino Rudolpho custodi Pragensi etc.* Nos itaque de consilio virorum *c)* peritorum ad probandas causas excusacionis sue predictas et ad preces in ea feriam secundam proxime post Octavas Pasche sibi terminum assignavimus Prage in ecclesie Pragensis ambitu coram nobis ¹).

## 14.

*Verlangen des Domherrn Theoderich von Fullenstein, dass sein Gegner Magister Wenzel wegen Nichterscheinens an dem ihm gesetzten Termin gestraft werde, u. Appellation Theoderichs in dem Streite wider seinen Gegner.*

In nomine domini Amen. Vobis *d)* domino Rudolfo custode Pragensi iudice subdelegato venerabili domino Ulrico eiusdem ecclesie preposito interlocutoria reparata, quod (ego) *e)* Theodericus canonicus Olomucensis plebanus in Greez non essem compellendus domino Wenceslao notario ducis Oppavie *f)* adversario meo ad solvendas expensas duarum marcarum argenti, quas petebat, eo quod citatus aliquando per vos ad respondendum sibi non comparuissem in die et loco mihi ad hoc prefixis, me econtra respondente quod cum citatus fuissem non per illum, cui citacio commissa fuerat sed per alium, cui citacionis officium iniunctum non fuerat, tali seu huius citacioni *g)* sine pena expensarum merito non parebam. Super quo itaque interlocutoriam vestram pro me prolatam et iuxta meam defensionem per hoc declarata, cum iniusta sua' peticione expensarum propter | (pre)fatum Wenceslaum a secunda feria proxima post conductum Pasche usque in quartam feriam sequentem laboribus et expensis, quas estimo ad tres marcas argenti, indebite lacessitus, petivi partem adversam mihi in eis condempnari et cum sapientibus, videlicet domino archidiacono Pragensi magistro Rapotone doctore decretorum. fratre Eberhardo hospitalis Jerosolimitani et aliis quam pluribus tunc presentibus, cum quibus oportunius nt tunc potuistis et nobis petentibus *h)* quid vobis in hac parte foret agendum deliberare voluistis in meum preiudicium non modicum et gravamen, hinc est quod a vobis ad dominum prepositum predictum appello et epistolas *i)* instanter peto.²) Fol. 63 d

## 15.

*H. Gross (Magnus) und sein Bruder Andreas bekennen, dem Prager Bürger Jacob Wölfel für 4 Stück leichtes Tuch von Dorn (?) 41 Mark und ein Viertel Prager Gewicht zu schulden und verpflichten sich, die Schuld von nächsten Pfingsten über ein Jahr zu bezahlen.*

Nos H. Magnus dictus et Andreas frater noster cives de Muta tenore presencium publice recognoscimus et profitemur *k)*, quod honorabili viro et discreto Jacobo quondam filio

---

*a)* Cod.: *probatorum*. — *b)* Cod.: fehlt. — *c)* Cod.: *viris*. - *d)* Scheint ein Wort ausgefallen zu sein: *A vobis*. — *e)* Cod.: *ego* fehlt. — *f)* Cod.: *Optavio*. — *g)* Cod.: *citaciones*. — *h)* Cod.: *potentibus*. — *i)* Cod.: *apostolas*. — *k)* Cod.: *provitemur*.

¹) Über den Streit s. oben Nro ? Papst Nicolaus IV. regierte vom 15/2. 1288 bis 2/1. 1292, daher kann oben nicht gelesen werden 1291, Kal. Jan. Über den Custos Rudolf vrgl. die Regg. Boh. 1183. — ²) Ueber Rapoto s. unten Nr. 45.

Wolflini tenemur XLIV marcas argenti et fertonem puri argenti Pragensis ponderis pro a) quatuor staminibus de Dorn b) levibus apud eundem Jacobum in credencia c) receptis; quam summam pecunie prescriptam predicto Jacobo dare et exsolvere promittimus et tenemur absque omni (ob)staculo d) contradiccionis a festo Pentecostes proximo nunc venturo usque ad unius anni spacium per completum. Quod si non fecerimus aut ipsi Jacobo in predicto termino non solverimus. extunc predictus Jacobus plenam et liberam habet et habere poterit facultatem prescriptam pecuniam recipiendi in Iudea vel pannos emendi vel eciam e) vendendi super dampnum nostrum sub huiusmodi recepcionis vel vendicionis cautela, ut omne dampnum, quodcunque f) sepedictus Jacobus receperit vel recipere poterit ex prehabita solucione, sibi refundere promittimus et tenemur integraliter et ex toto. In cuius rei testimonium presentem g) litteram conscribi fecimus eidem Jacobo pro cautela et sigillorum nostrorum munimine roborari. Datum et actum etc.¹)

16.

*Johann von Strassburg theilt seinem Freunde Friedrich, Meister des Hospitals der Kreuzherren mit dem rothen Stern an der Prager Brücke, mit, dass sein (Johanns) Sohn mit einer guten Pfründe versorgt sei. Friedrich möge sich seines eigenen Brudersohnes Wolfrad annehmen.*

Fol. 64 a

Venerabili domino specialissimo nec non amicorum suorum peramatissimo domino Friderico divina miseracione generali magistro domus hospitalium Prage in pede pontis, fratri ordinis stelliferorum cum cruce Johaunes compater suus fidelissimus de Argentina vinculum indissolubile sincerissime caritatis²) .. | . Vestre .. significo caritati, quod Wer(n)hero filio meo vestro patrino divina predestinacione de ecclesia competenti fideliter est provisum; per cuius ecclesie opulenciam mihi ceterisque amicis suis poterit fideliter suffragari. In super toto affectu .. mihi salus in hoc videretur, ut vos ante meam corporis de hoc seculo transmigracionem valerem in persona propria speculari. Ceterum rogo vos .., quatenus intuitu mei amoris vestre quoque honestatis interventu Wolfradum vestri filium fratris vobis commissum fideliter habeatis, quia frater vester per multorum h) sui filiorum molam in artam nunc penuriam est detrusus .. ³)

17.

Anpreisung eines Heilmittels.

18.

*Wenceslaus von Reuma, Bürger der Neustadt Prag, bekennt, dem Konrad Wölfel 30 Mark reinen Silbers zu schulden und verpfändet ihm sein in der Nähe der Häuser des Richters Sturm*

---

a) Cod : quod. — b) Ita cod. Das Wort ist wohl nicht verschrieben. Gemeint ist ein Ortsname, wie die unten folgende Note 1 ersichtlich macht. — c) Cod.: credmicia = credencia s. unten an mehreren Stellen. — d) Cod.: staculo. — e) Cod.: cemer. — f) Cod.: quicunque. — g) Cod.: presente literam. — h) Cod. altorum.

¹) Vgl. Palacky, Ueber Formelbücher in Abh. d. k. böhm. Ges. der Wissensch. V. F. Bd. 2 S. 257: solvere tenemur et obligati sumus LX sexagenas denariorum Prag. minus uno solido pro IV staminibus longis de Ach. Ebenso S. 258. Dorn deutlich in der Handschrift, ob etwa Thorn? — ²) Gekürzt, weil blosse Freundschaftsversicherungen enthaltend. — ³) Der Meister des Hospitaliter oder Kreuzherren bei St. Franz an der Prager Brücke (mit dem Abzeichen, dem rothen Stern) Friedrich erscheint urkundlich am 20. Jänner 1298, s. Regg. Boh. 766, dann als „summus" (oben generalis) magister am 8. Oct. 1305 (Regg. Boh. 887) und 22. Juni 1307 (Regg. Boh. 918—919).

und Stritzko's gelegenes Haus. Als Bürge tritt noch Nicolaus Radost mit seinem Hause hinzu. Die Schuld muss bis nächste Ostern gezahlt sein.

E(g)o Wenceslaus de Reuma civis nove civitatis sub castro in Praga notum fieri cupio universis a) presentem litteram inspecturis b), quod de mea libera et bona voluntate honorabili viro et honesto Conrado quondam filio Wolflini pie recordacionis civi Pragensi in triginta marcis argenti examinati et quinque fertonibus, quos sibi teneor, domum meam, quam inhabito, sitam sub castro antedicte civitatis c) domibus iudicis d) Sturmonis et Striczkonis e) contiguam usque ad festum Pasche proxime affuturum duxi presentibus obligandam tali condicione inter me et dictum Conradum adhibita plenius et expressa, quod si prefatam meam domum dicto termino a dicto Conrado j non exsolvero predicta pecunie quantitate, ex tunc idem Conradus liberam habeat facultatem, sub usura recipiendi pecuniam prehabitam in Iudea super domum meam per taxatam f) usuram et capitalem pecuniam computando. Insuper ego Nicolaus Radost dictus civis sepedicte civitatis sub castro dicto Conrado tali sub obligacione in hiis scriptis esse me fateor obligatum, ut quidquid sibi in domo dicti Wenceslai depereat, super domum meam sitam in acie prope g) domum Theodrici dicti Ebarbach, et quam inhabito, similiter sub usura recipiat in Iudea, omneque dampnum seu particionem, quod apud Iudeos vel christianos dictus C. perceperit vel incurrerit nos sibi resarcire (et) deponere volumus et promittimus pariter et delere. In cuius obligacionis testimonium et tutelam presentem dicto C. debemus litteram sigillo nove nomine civitatis sub castro munimine roboratam.¹) Testes huius obligacionis sunt Theodricus Ebarbach, h) Couradus. i) Fol. 64 b

19.

*Der Richter Franz und Genossen bekennen, den Brüdern Ebertin, Konrad und Heinrich de Lapide und Johann Wölfel 600 Mark zu schulden und verpflichten sich, die Summe unter Verpfändung der Dörfer Brasym, Zibsin, Celpitz, Genez und Ubal bis zu den nächsten Weihnachten zurückzuzahlen.*

Nos Franciscus iudex, Albertus Meinhardi, Petrus de Lapide, Johannes de Gallis, Nicolaus Gannel, Wolflinus magister k) urbure et monete per Boemiam, cives Pragenses, tenore presencium promittimus honestis viris Eb(er)lino, Conrado et Henrico fratribus dictis de Lapide et Johanni, filio Wolflini, civibus Pragensibus dare et exsolvere sexcentas marcas argenti, ita quod quilibet ex nobis dictis civibus pro se et divisim et specialiter centum marcas argenti dabit et exsolvet dictis civibus in festo Nativitatis proxime nunc venturo; pro qua pecunia iam prescripta hereditates nostras cum suis attinenciis, quarum hereditatum nomina subsecuntur et sunt hec: Brasym, Zibsin, Celpicz, Genez, Ubal etc. predictis civibus duximus obligandas, tenore presentis scripti promittentes, quod si predictis civibus infra Octavam dicte Nativitatis predictas sexcentas marcas argenti non exsolverimus, tunc idem cives post dictam Nativitatem domini immedite anni sequentis dictas hereditates nostras debent

---

a) Cod.: *universalis*. — b) Cod.: *inspectururis*. — c) Cod.: *civitatibus*. — d) Cod · *iudiciis*. — e) Cod.: *Stickonis*. — f) Cod.: *protaxatam*. — g) Cod: *propria*. — h) Cod.: *Ctarbancki*. — i) Cod.: *Cur*; daneben: *Chunradm*. — k) Cod.: *magisterque*.

¹) Sturm gehört einer sehr bekannten Prager Familie an. S. die Königsaaler Chronik S. 183, 210, zu Striczko vgl. Emler Regg. 947. Ob nicht ein Schreibfehler statt Friczko (de Gallis?) s. Königs. Geschichtsquellen 267. 349, 389.

habere ad duas septimanas *a)* in sua potestate: et si infra illas duas septimanas *b)* dictas hereditates non exsolverimus predictas pro pecunia prenominata, extunc de qualibet parte dictarum hereditatum illius civium *c)* vendatur, qui suum partem pecunie, que ipsum contingit, non exsolverit in dicto termino, donec *d)* predictis civibus de qualibet parte dictarum hereditatum sic vendita de sexcentis | marcis argenti satisfiat integraliter et ex toto. In cuius rei testimonium presentes conscribi fecimus literas sigillo civitatis Pragensis munitas. Testes huius rei sunt Theodricus filius Wolflini etc.¹)

Fol. 64 c

20.

König Wenzel verleiht dem Notar Johannes von Sarobe in Anerkennung der schon dem Könige Ottokar und nun ihm selbst geleisteten treuen Dienste für seine Lebenszeit das Münznotariat der Olmützer Münze mit allen ihren üblichen Gerechtsamen und Einnahmen. Prag, Ostrow. 128 (?) ²)

21.

*Der Herzog Nicolaus von Troppau schenkt seinem Bruder, dem Wisschrader Propst Johann, Kanzler des böhmischen Reiches, das von Protiva von Dubravec erkaufte Dorf und Schloss Herlitz (bei Jägerndorf) zu erblichem steuerfreien Besitz mit der Exemption von dem herzoglichen Gerichte, beides aber nur für ihn selbst, nicht auch für die künftigen Besitzer. 1295—1296.*

Nycolaus dei gracia dux Opavie capitaneusque Cracovie et Sandomirie. Libenter ad largienda premia *e)* benemeritis nostris munificencie nostre dexteram porri(gi)mus liberalem, sed illis libencius liberalitatis nostre gremium *f)* profusius aperimus, quos nobis et obsequiorum *g)* promptitudo reddit amabiles et *consanguinitatis inexcertabilis* unio cariores astringit. Noverint igitur presencis privilegii (sic) *h)* universi, quod nos tam sinceram *carnis et sanguinis unionem*, qua vir venerabilis dominus Johannes Wischegradensis ecclesie prepositus regni Bohemie cancellarius et carissimus frater noster nobis astringitur, quam grata multipliciter et accepta servicia *i)* per eum nobis constanter exhibita, memori *k)* diligenter commendacione pensantes ac volentes eum prosequi propria prerogativa *l)* favoris et gracie specialis villam nostram cum castro vulgariter dictam Herolatz in terra Oppaviensi sitam, quam a Protiva *m)* de Dobrabez emptam iure hereditario possidens cum omnibus agris, terris. pratis, pascuis, planis, montibus, silvis, nemoribus, aquis aquarumve decursibus, piscariis seu piscinis et molendinis aliisque omnibus utilitatibus, iuribus *n)*, curiis *o)*, dicionibus et pertinenciis suis dicto preposito fratri nostro de speciali gracia damus, conferimus *p)* liberaliter et donamus per eum et heredes ac successores ipsius in perpetuum hereditario iure libere possidendam; ad amplioris quoque gracie culmen dictum fratrem nostrum et homines suos predictos ab omnibus collectis, steuris, exaccionibus ac serviciis genera-

---

*a)* Cod.: ad vas sapiencias. — *b)* Cod.: saptinas. — *c)* Cod.: c<sup>ni</sup> (sic) — *d)* Cod.: ut. — *e)* Cod.: premina. — *f)* Cod.: germinum. — *g)* Cod.: obsequorum . . . astringunt. — *h)* Cod.: presentes. Recte: presentis privilegii tenorem inspecturi. — *i)* Cod.: servica. — *k)* Cod.: memorum. — *l)* Cod.: prorogativa. — *m)* Cod.: Protina. — *n)* Cod.: viribus. — *o)* Cod.: curis. — *p)* Cod.: inferimus. Dieser Fehler begegnet noch einigemal.

¹) Der Richter Franz wird erwähnt in Urkk. der Jahre 1296, 1303 und 1304 (Regg. Boh. 736, 853, 865, 1210), Albertus Meinhardi zum Jahre 1286 (Regg. Bob. 626), Petrus de Lapide s. oben Nr. 3. Johannes de Gallis findet sich in Urkk. der Jahre 1292, 1301, 1302, 1304 und 1310 (Regg. Boh. 675, 812, 975, 1207, 1210. Nicolaus Gaunel. Letzterer Name ist wohl verdreht; unter den Prager Schöffen findet sich ein Nicolaus Gauneheri (Regg. Boh. 812, 1207) in den Jahren 1301 und 1302.) Wir haben es eben wahrscheinlich mit einem Schreibfehler zu thun. Ob Wolfel einer der oben genannten (s. Nr. 6—9, 15, 18, u. s. w.) ist, ist schwer zu sagen. Die sonstigen Namen s. oben. Von den Ortsnamen lässt sich nur *Genez* = Jeneč Rgg. 1020 belegen. — ²) Ueber diese Nummer s. oben S. 22—23 der Einleitung und Arch. f. öst. Gesch. 29. 150.

libus et specialibus, quocunque nomine censeantur, nec non et a iudicio et iurisdiccione nostris et officialium nostrorum quorumlibet, quam(diu) *a*) predictus frater noster villam ipsam cum hominibus et aliis supradictis per se ipsum tenuerit, eximimus et esse *b*) volumus liberos et exemptos plenam facultatem *c*) habendo, item *d*) frater noster vel sui quilibet procuratores causas omnes maiores sive minores, que in ipsa villa emerserint, indicandi et de ipsis quod sibi competierit faciendi *e*) (h)ac *f*) expressa condicione pariter et adiecta, ut ille vel illi, cui vel quibus dictus prepositus dederit seu vendiderit villam ipsam, pro ea a nobis, heredibus ac successoribus nostris. O p p a v i e *g*) ducibus ad collectas, exacciones *h*) et steuras ac alia servicia, ita sicut alii terrigene ac habitatores Oppaviensis *i*) terre tenentur penitus, teneantur. *k*) In cuius donacionis j et confirmacionis nostre testimonium presens privilegium fieri fecimus et sigilli munimine iussimus communiri. Acta *l*) sunt hec etc. ¹) Fol. 65 a

22

*Die Aebtissin von St. Georg auf dem Prager Schlosse, Kunigunde, Tochter Přemysl Ottokars II., und der Convent des Klosters verleihen in Anbetracht der ihrem Kloster von dem Propste Johann von Wissehrad, ihrem Stiefbruder, erwiesenen Dienste diesem 150 Joch von dem Klosterhof in Kamenecz. Zwischen 1291—1296 (vor dem 1. März.)*

In nomine domini Amen. Propter brevem vitam hominum fragilemque mentis humane memoriam, que solet interdum luginose tenebris oblivionis obduci, consueverunt *m*) contractus legitimi *n*), qui frequenter inter homines celebrantur, scripture perpetue testimonio roborari. Eapropter presencium serie sit omnibus eas inspicientibus manifestum, quod nos C h u n i g u n d i s *o*) abbatissa. Anna priorissa totusque conventus monasterii sancti Georg(ii) in castro Pragensi ordinis sancti Benedicti considerantes attente grata, multiplicia et accepta servicia, que venerabilis vir dominus J o h a n n e s ecclesie W i s s e g r a d e n s i s prepositus, regni Bohemie cancellarius, nobis et predicto monasterio nostro gratanter exhibuit, ad presens exhibet et ipsum exhibiturum *p*) speramus gratancius in futurum. propter quod volentes ei retribucionis debite gratitudine respondere, nostramque ac dicti monasterii in hac parte condicionem facere meliorem, de unanimi voluntate nostra et dictorum nostrorum serenissimi domini nostri W e n c e s l a y regis Bohemie, ducis Cracovie et Sandomirie marchionisque Moravie, nostri et monasterii predicti patroni ac venerabilis in Christo patris domini Thobie Pragensis episcopi accedente beneplacito et consensu, de agris curie nostre in K a m e n e c z vicinioribus ville predicti prepositi. C o n s t a t i b u r e z *q*) vulgariter nuncupate confirmamus

a) Cod.: *dut* fehlt. — *b*) Cod.: est *volumus* — *c*) Cod.: *vucultatem*. — *d*) Cod.: *idem*. — *e*) Ergänze: *facultatem habebunt*. — *f*) Cod.: ac ex *compressa* — *g*) Cod : *Optavic*. — *h*) Cod.: *exaccione*. — *i*) Cod.: *Ocaviensis*. — *k*) Cod.: *tena* (sic.) *teneantur*. — *l*) Cod.: *Actam* — *m*) Cod.: *conferrunt*. — *n*) Cod.: *leattimus*. — *o*) Im Cod.: fehlt der Name Chunegundis. Da wir aus Nr. 34 wissen, dass der Schreiber mitunter Namen ausliess, so habe ich ihn nach Emler II S. 890 ergänzt. In der Handschrift wird das Wort abatissa falschlich auf Anna bezogen: nos *Anna Abatissa*. — *p*) Cod.: *exhibetorem*. — *q*) Cod.: *Constatiburcz* quod vulgariter nuncupantes Auch der Ortsname, der in dieser Form nicht nachzuweisen ist. Es muss wohl Jistibnitz oder ahnlich lauten

¹) Uiber den Herzog Nicolaus I. von Troppau s. Biermann, Geschichte der Herzogthumer Troppau und Jagerndorf S. 26—47. Das Datum der vorliegenden Urkunde ergibt sich aus folgenden Erwagungen: Der Propst Johann von Wischehrad starb am 26. August 1296; s. Emler: Die bohm. Konige Přemysl Ottokars II. und Wenzels II. Abhandlungen der kgl. bohmischen Gesellschaft der Wissenschaften VI. Folge, 0. BJ. 3. 38; demnach ist der 26. August 1296 der ausserste mogliche Termin; der erste Termin ergibt sich aus der Titulatur copitaneus Cracovie et Sandomirie. So nennt sich Nicolaus erst seit dem 29. Marz 1295, s. Emler, Regg. Bohemie 723, 809, 810 und Biermann S. 86. Protiva von Dubrawitz (pincerna Moraviae) erscheint als Zeuge 1293 (Regg. Boh. 692) und 1295 (723); am 30. Sept. 1297 verkauft uud verschenkt er Besitzungen an die Templer, s. ebenda S. 759 Herlitz ein Ort in Schlesien, dem deutschen Orden zugehörig.

liberaliter et donamus centum quinquaginta mensurata iugera per tempora vite sue libere possidenda sub pactis et condicionibus infrascriptis, videlicet quod si dictum prepositum mutare vitam, alicuius religionis habitum assumendo, aut ad gradum alciorem promoveri vel quod absit mori contigerit, extunc centum quinquaginta iugera cum seminibus informata statim sine quolibet impedimento dicti prepositi aut successorum eius vel aliorum quorumcunque ad nos et monasterium nostrum predictum libere revertentur; decimam quoque de mensuratis ingeribus sive araturis, que magistro Matheo nostro dicti monasterii capellano racione capellanie predicte deberem, prefato magistro Matheo succesoribus eius ipsius monasterii capellanis annis singulis predictus prepositus dare et solvere teneatur. Promisit insuper prepositus nos et monasterium memoratum in
Fol. 65 a nostris negociis efficaciter | promovere ac defendere pro viribus suis et pro posse. In cuius rei testimonium et cautelam presentes literas fieri fecimus predictorum *a)* dominorum nostrorum regis ac episcopi ac antedicti conventus et nostri sigillorum munimine communitas. Actum et datum in capitulo monasterii supradicti anno domini etc. ¹)

23.

*König Wenzel II. verkauft seinem Stiefbruder, dem Propst Johann von Wissehrad, um 110 Mark Silber ein Dorf zu erblichem Besitz. Zwischen 1292—1295.*

Wenceslaus *b)* dei gracia rex Bohemie, dux Cracovie et Sandomirie marchioque Moravie, harum serie notum facimus *c)* universis tam presentibus quam futuris, quod cum concessio hereditatum *d)* ad nos sit pleno iure dominii *e)* racionabiliter et legitime devoluta, nos villam *ipsam*, in qua nobis totum ius hereditarium pleno iure competebat, dilecto principi familiari et consiliario nostro venerabili Johanni Wissegradensi preposito, regni Boemie cancellario, pro centum et decem marcis puri argenti ponderis *f)* vendidimus hereditarie, per eum cum domibus, areis *g)*, agris cultis et incultis *h)*, pratis, silvis, nemoribus, venacionibus, aquis, molendinis, piscacionibus, censibus et fructibus quibuslibet et attinenciis suis omnibus in perpetuum possidendam tenore presencium, hoc ipsum confirmantes et omne ius penitus transferentes ad ipsum, ita quod iam dictam villam cum predictis omnibus attinenciis et iuribus suis amodo vendere, donare, locare, legare, oblegare posset libere omni tempore perpetuo, prout sue expedierit voluntati. In cuius rei testimonium presentes literas exinde conscribi et sigillorum nostrorum munimine fecimus liberaliter communiri.² Datum Brune *i)* per manus magistri Johannis *k)*.

*a)* Cod.: *preceptorum*; cf. Boczek V, 31. — *b)* Cod.: *Nos G. dei gracia Wenceslaus rex* ... — *c)* Cod.: *fecimus*. — *d)* Cod.: *consussa (sic) heredum* — *e)* Cod.: *domini*. — *f)* sc. *Pragensis*. — *g)* Wohl — *orreis* = *horreis*. — *h)* Cod.: *multis*. — *i)* Cod.: *Rnmen*. Da der Schreiber B und R fast gleich schreibt, r und i bezw. u auch einander gleich sehen, so ist die Correctur leicht zu machen. — *k)* Cod. angefügt von anderer Hand: quinti regis filius. Das soll sich wohl auf den Propst Johann von Wissehrad beziehen, der ja auch ein Sohn Ottokar's, des 'fünften' Königs von Böhmen war. S. Emler. Die Kanzlei der böhmischen Könige S. 39. Dass diese Worte per manus magistri Johannis aber nicht auf den Propst Johannes bezogen werden können, ist sicher. Gemeint ist offenbar der *magister Johannes, Sacensis praepositus, protonotarius Moraviae*, s. Boczek V, 25, 30, 60, 63.

¹) Chunigundis ist als Tochter Ottokars die Stiefschwester Johanns von Wissehrad. Das Datum ergibt sich einerseits aus dem Titel, den Wenzel II. führt (dux Cracovie et Sandomirie) seit 1291, s. Emler S. 663) und dem Todestag des Probstes Johannes (26. August 1296) oder noch genauer dem Todestag des Bischofs Tobias von Prag 1. März 1296. — ²) Da es zweifellos der Magister Johannes, Protonotar von Mähren ist, der die konigl. Urkunden für Mahren beglaubigt, so ist der dem Propst Johann von Wissehrad überlassene Ort wohl in Mähren zu suchen. Da Johann am 26. August 1296 stirbt, der Titel Wenzels für Krakau und Sandomir erst am 10. April 1291 gebraucht wird, so sind dies die Grenzen für die Datierung des obigen Stücks. Vielleicht kann man sogar noch weiter gehen: In Brünn urkundet vom 27. Februar (s. Regg. Boh. II. 672) — 13. März (Regg. S. 673) 1292, dann am 25. Februar 1293 (Regg. 690), am 26. Mai 1294 (Regg. 705), am 27. Jänner (Regg. 721) und 10. Mai 1295 (Regg. 724); demnach kommt weder 1291, noch 1296 in Betracht.

## 24.

*Der Propst Miroslaus, die Äbtissin und der Convent des Nonnenklosters in Chotěschau verkaufen mit Zustimmung des Prämonstratenserabtes Lyphard von Tepl dem Propst Johann von Wyssehrad ihren bei Prag unterhalb des Petersberges gelegenen Hof (in Ujezd) um 80 Mark Silber. Prag 1293 August 7.*

In nomine domini Amen. Quoniam ea, que geruntur in tempore, simul labuntur cum tempore, nisi scripti testimonio vel ydoneorum testium robore a) perhennentur, capropter notum sit omnibus tam presentibus quam b) futuris presentes literas inspecturis c), quod nos C. prepositus, S. abbatissa, priorissa totusque conventus monialium monasterii sancte Marie in Quotessaw ordinis Praemonstratensis et nostra voluntate unanimi, ad hoc et accedente beneplacito et consensu patris et preceptoris nostri venerabilis Teplicensis abbatis curiam nostram Prage sub monte Petrino sitam hereditario iure vendidimus domino d) Johanni venerabili Wissegradensi ecclesie preposito, cancellario regni Bohemie pro octoginta marcis argenti puri Pragensis ponderis; de quibus nos continenti, post quam omni | iure e) et accione nobis et ulterius in eadem curia competenti renunciavimus, et priusquam ipsam possidendo occupaverit f), racionabiliter et integraliter expedivit. Et ne huiusmodi vendicio nostra aliquo impedimento nostro aut successorum nostrorum vel nostrarum vel aliorum quorumcunque retractetur in posterum, dictusque Wissegradensis prepositus cum ipsa curia possit facere et ordinare libere, quod sue fuerit voluntatis, presentes literas nostrorum sigillorum roboratas . . . h) Datum etc.¹) Fol 65 c

## 25.

*Der Decan und das gesammte Capitel vom Wyssehrad übertragen die durch die lange Abwesenheit des Magisters Johannes de Pazhano freigewordene Pfründe dem Domherrn Wenzel, Kaplan König Wenzels II. Wyssehrad 1291.*

In i) nomine domini Amen. Nos Bartholomeus divina miseracione decanus Wissegradensis ecclesie ad sedem apostolicam immediate pertinentis k) Pragensis dyocesis notum l) facimus universis tenorem presencium inspecturis, quod nos convocatis omnibus canonicis nostris, qui vocandi fuerant et qui venire voluerunt ad capitulum nostrum, vacante prebenda magistri Johannis de Pazhano olim canonici nostri, quem propter diutinam absenciam ab ecclesia nostra Wissegradensi eadem prebenda servato iuris m) ordine ac n) consensu fratrum nostrorum, habito sufficienti tractatu super ipsa cum eisdem, de consilio sapientum ex debito nostri officii per sentenciam nostram solempniter et canonice ac diffinitive in nostro capitulo privavimus. Eandem prebendam sic vacantem o) in nostro capitulo sic sedentes de consensu et unanimi voluntate dominorum: domini Johannis venerabilis prepositi nostri cancellarii regni Bohemie, Bohuslay custodis, magistri Johannis scolacisti omniumque p) aliorum fratrum seu canonicorum nostrorum nemine contradicente domino Wenceslao capellano magnifici domini nostri Wenceslay regis

---

a) Cod.: *rabore.* — b) Cod.: *qui.* — c) Cod.: *inscripturis.* — d) Cod.: *domini.* Das Wort *rendidimus* ist zwar getilgt, gehört aber dem Sinne nach hieher. — e) Cod.: *iuris.* — f) Cod.: *occupare.* — g) Cod.: *quem dictus.* — h) Ergänze: *ei dedimus.* — i) Am Rande: *Super concessione prebende canonico cuidam.* — k) Cod.: *pertinentes.* — l) Cod : *actum facimus.* — m) Cod.: *viris.* — n) Cod.: *ad consensu.* — o) Cod.: *vocantem.* — p) Cod.: *aliorum omniumque fratrum.*

¹) Das Stück gehört zu der Urkunde de dato Prag, 1293 August 7, bei Emler Regg. Boh. S. 698. Darnach sind auch die oben fehlenden Namen ergänzt und die Datierung angefügt.

Bohemie concanonico nostro, invocato nomine domini, conferimus cumque de iure et secundum consuetudinem ecclesie nostre Wissegradensis per nostrum birrietum de ipsa sollempniter investimus a) et in corporalem ipsius possessionem per magistrum Gregorium canonicum nostrum induci fecimus, omnia iura ipsius prebende tam corporalia quam incorporalia, que alii canonici prebendati in nostra ecclesia percipiunt et percipere consueverunt, sibi integraliter assignantes. In cuius rei testimonium presentes collacionis nostre literas fieri et sigillis capituli nec non domini Johannis venerabilis prepositi cancellarii regni Bohemie et nostri prepositi Bohuczlay custodis ac b) magistri Johannis scolastici ecclesie nostre dicte fecimus communiri | . Datum et actum in capitulo prefate nostre (ecclesie) Wissegradensis anno domini 1291.¹)

Fol. 65 d

### 26.

*Abt und Convent des Klosters Kladrub übergeben im Hinblick auf die vielen Dienste, die Propst Johann von Wysschrad dem Kloster schon geleistet hat oder noch leisten wird, ihm das Dorf Ohnissewicz auf Lebenszeit. Kladrub 1295—1296.*

In e) nomine domini Amen. Quia tempus labitur et gesta temporum, oportet ea, que agantur sub tempore, vel voce testium vel testimonio literarum confirmari, quia dum vivit litera. vivit et actio commissa litere, nec de facto surgit calumpnia quocunque in tempore. Nos igitur S. dei gracia abbas totusque conventus monasterii Cladrunensis sollicite attendentes graciosam et benivolam voluntatem, quam ergo nos et monasterium nostrum gesserit d) reverendus pater et dominus Johannes dei (gracia) venerabilis prepositus Wissegradensis ecclesie, considerantes eciam ex hoc multiplices ac utiles promocionis et defensionis fructus cum apud dominum nostrum serenissimum regem Bohemie tum eciam apud ipsum interventu et operum effectu nobis et monasterio nostro provenire, de paterno e) consensu et unanimi voluntate omnium nostrum, accedente ad hoc consensu et speciali licencia predicti domini nostri regis, villam quandam ecclesie nostre dictam Ohnissewicz cum suis attinenciis omnibus et singulis prefato dicto Johanni preposito Wissegradensi spontanea voluntate ad dies et terminum vite sue pacifice et quiete concessimus possidendam tali interveniente condicione, ut postquam ipse de medio huius vite divina disponente voluntate fuerit evocatus, predicta villa cum suis iuribus et emolumenti melioracionibus quolibet impedimento obstaculo remoto ad usus omnium nostrum et monasterii nostri libere revertatur. Ad evidenciam huius igitur nostre libere voluntarie concessionis et dignam memoriam presentem literam sigillorum nostrorum muniminef) ei contulimus roboratam, nichilominus rescriptum eiusdem apud nos retinentes, ut si forte, quod absit, processu temporis inter nos et ipsum super predictis orta fuerit questio, inspeccione presencium facilius possit rei veritas inveniri. Actum et datum (in) monasterio nostro.²)

a) Cod.: *infertimus*; *et* fehlt. — b) Cod.: *ad*. — c) Am Rande: *Super cessionem ville cuidam in perpetuo possidendam*. — d) Cod.: *gerit* mit einem Abkürzungsstrich. — e) Cod.: pn. — f) Cod.: *munimur*.

¹) Der Domherr Wenzel ist zweifellos der oben Nr. 2 genannte Subdiaconus, dem dann die Pfarre Grätz verliehen wurde. S. Regg. Boh. 655, 729. Der Domherr Gregor ist wohl der spätere Prager Bischof; s. Nr. 33, 45, 90, 103. — ²) Der Abt von Kladrub dürfte wahrscheinlich Raczko sein, s. Regg. Boh. 619, das Jahr wird mit dem der nächsten Urk. zusammenzustellen, also auf Ende 1295 oder Anfang 1296 zu setzen sein.

27.

*Der Generalabt Wilhelm und das Generalcapitel von Prémontré geben die Bewilligung, dass Chwaleo, der Abt des Klosters Hradisch, im Hinblick auf die nützlichen Dienste, die Propst Johann von Wyssehrad, der Bruder König Wenzels, dem Kloster leisten kann, ihm den Besitz der Stadt Weisskirchen sammt zugehörigen Dörfern auf Lebenszeit überlasse. Prémontré 1296.*

In nomine domini Amen. a) Nos Gwilliermus b) (divina) paciencia abbas Premonstratensis et abbatum eiusdem ordinis capitulum generale notum esse volumus universis presentem paginam inspecturis, quod attente considerantes, quia ex favore venerabilis domini Johannis prepositi Wissegradensis regni Bohemie cancellarii, fratris excellentissimi domini Wenceslai regis Bohemie monasteria nostri c) ordinis in Cuiavia d), Bohemia et Moravia e) posita possunt f) commoda consequi et habere, collacionem sive concessionem ville forensis | dicte Haranicz cum villis, silvis et aliis utilitatibus, iuribus et pertinenciis universis ad predictam villam forensem et alias villas sibi adnexas spectantibus factam per Gw(alconem) abbatem et conventum monasterii Gradicensis nostri ordinis Olomucensis diocesis prefato domino preposito ad tempus vite sue, prout in litteris eorundem abbatis et conventus inde confectis plenius continetur, gratam et ratam habemus, acceptamus et confirmamus eique nostrum benivole prestamus assensum. In cuius rei testimonium presentes (litteras) g) fieri fecimus, eas nostri sigilli munimine roborantes. Datum Premonstra(tensi) anno etc. ¹) Fol. 66 a

28.

*Der Abt Konrad und der Convent des Cistercienserklosters Welehrad der Olmützer Diöcese geben dem Propste Johann von Wyssehrad im Hinblick auf dessen Verdienste um den Cistercienserorden und das Kloster Welehrad gegen Zahlung von 60 Mark das Dorf Doloplass und Zugehör auf Lebenszeit. 1294.*

In h) nomine sancte et individue trinitatis Amen. Cum ea, que geruntur in tempore, non solum ex decursu temporis infeccionem ad non esse vergencium recipiunt, verum eciam plerumque a memoria hominum sepulta in oblivionem se transeunt vel certe malignancium insidiis et calumpniis subvertuntur, ydoneum cautele genus est, si monimenta i) scriptorum, sigillorum ac testium in lucem prodeant, ne morientibus hominibus forma solempnium contractuum pariter moriatur. Quocirca nos frater k) Conradus dictus abbas totusque conventus monasterii de Willegrad Cysterciensis ordinis Olomucensis diocesis universis Christifidelibus presentes literas inspecturis cupimus esse notum, quod, cum dominus Johannes dei gracia prepositus ecclesie Wissegradensis nullo medio ad sedem apostolicam pertinentis Pragensis dyocesis, cancellarius regni Bohemie, vir clarissimus et spectabilis sacrosanctum l) ordinem nostrum m)

---

a) Am Rande: *Confirmacio super villam concessam tempore rite sue viro.* Das nächste Wort reicht schon in die Falze, und ist nicht mehr ganz zu lesen. — b) Ausgestrichen *Gwissa*; *divina* fehlt. — c) Cod.: *nostris*. — d) Cod.: *Cucaria*. — e) Cod.: *Moravii*. — f) Cod.: *ponunt*. — g) fehlt. — h) Am Rande: *super locationem hereditarie possidendam (et tenendam).* Von der Hand, die den ersten Theil geschrieben hat. — i) Cod.: *monimentis*. — k) Cod.: *sr* = super statt *fr* = *frater*. — l) Cod.: *satisfactum*. — m) Die Stelle ist zweifellos verderbt, über den Sinn kann aber kein Zweifel sein: *sacrosanctum ordinem nostrum et nostrum monasterium speciali* . . .

¹) Die obige Urkunde gehört zu der Urkunde bei Boček, Cod. dipl. Morav. V, 41. zum 20. Jänner 1296. Dadurch ist auch das Datum ungefähr bestimmt, wobei bemerkt werden musss, dass Boczek V. 41 dem obigen Stück vorangeht. Der Generalabt Wilhelm bestätigte auch die oben Nr. 4 an Propst Johann gemachte Schenkung, s. Boczek V, 30. Haranicz = Hranice = Alba ecclesia = Mährisch-Weisskirchen. S. auch Nr. 32.

monasterium speciali favore prosequens (et) *a)* amore ex perceptis per eum *b)* beneficiis ad spem maiorum percipiendorum piis et fidedignis sponsis *c)* nostros animos arrexisset, ut *d)* sibi villam nostram Doloplaz *c)* dictam in territorio castri Olomucensis sitam ad monasterium nostrum iuste proprietatis tytulo pertinentem locari cum usufructibus .... *f)* condicionibus petivisset: nos tanti viri postulacionibus consensu votivo et unanimi conniventes de licencia et favore serenissimi domini nostri Wenceslai dei gracia regis Bohemie, marchionis Moravie, ducis Cracovie et Sandomeric, maiorum et superiorum promissis nostrorum votisque concurrentibus in id *g)* ipsum, predictam villam Doloplaz cum universis suis attinenciis, agris, silvis, pascuis et aliis utilitatibus quocunque nomine censeantur sine preiudicio *h)* aliarum | hereditatum, que limitibus nostre proprietatis sunt contigue *i)*, ad dies vite sue dumtaxat solius, cum universis usufructibus locavimus concessionis tytulo possidendam talibus condicionum articulis de consensu parcium interiectis, ut receptis ab eo sexaginta marcis puri argenti Brunnensis ponderis *k)* prenominate ville possessionem corporalem et incorporalem introeat quiete ac libere, quoad vixerit permansurus. Quod si propicia Dei ordinacione, ut de viro eximietatis tante sperandum est, — ad culmen et onorem maioris dignitatis transeat vel, quod non nimis optandum est, mundi flore concepto sancte alicuius religionis habitum assumpserit, predicta villa cum allodio duabus araturis institutis et cum pecudibus et universis fructibus in eodem alodio repositis et reponendis pleno totoque iure, — quo ipsam villam dudum possederimus, ad monasterium nostrum non obstante contradiccione et difficultate aliqua revertantur. Si vero, quod absit, in gradum alciorem non ascenderit vel in humiliorem divinis servitutis astrictus non descenderit sed in possessione sepedicte ville permanserit, illo *l)* ipsum ex hac vita *m)* evocante *qui constituit terminos hominis, qui preteriri n) non poterunt,* eadem villa in possessionem monasterii nostri supradictis condicionibus et utilitatibus iure proprietatis plenissimo devolvetur. Sane tempore possessionis in ipsa villa nostra semper curabit proprietatis nec eam venumdare nec permutare nec obligare nec alio alienacionis tytulo in aliud dominium convertere poterit ac transferre. Anno igitur domini 1294 et secunda die Kal. .... indictione septima pretactam sexaginta marcarum summam in racione celebrati contractus percepisse nos tante plena fide presencium profitemur. In cuius rei testimonium presentes literas glorioso sigillo magnifici ac serenissimi domini nostri regis Wenceslai procuravimus sigillari, nostrum eciam sigillum appendimus, pro idoneis testibus advocatis, quorum nomina sunt subscripta: Wenceslaus canonicus ecclesiarum Wissegradensis et Cremsirensis, Tasso, Matthias de Nigromonte, Witcaw de Svabnicz. Actum et datum anno, mense, die nominatis superius et expressis.[1])

---

*a)* Fehlt. — *b)* Cod.: *perč.* — *c) sponsibus* in cod. — *d)* Cod.: *et sibi.* — *e) Dolopiam.* — *f)* Hier fehlen offenbar einige Worte. — *g)* Cod.: *init.* — *h)* Cod.: *previdus aliarum et.* — *i)* Cod. *communitanee.* — *k)* Cod.: *pondere.* — *l)* Cod.: *allo.* — *m)* Cod.: fehlt. — *n)* Cod.: *qui preterivit non poterunt.* Vgl. dagegen Job XIV, 5.

[1]) Ueber den Propst Johann s. die Einleitung. Ueber den Abt Konrad s. Regg. Boh. 695, 714, 753, 785. Der Domherr Wenzel war Archidiacon der Prager Kirche, s. ebenda 788, wofern der Obengenannte nicht etwa identisch ist mit jenem Wyssehrader Domherrn, der (s. oben Nr. 2) die Pfarre Grätz besass. Tasso ist Prothasius, vielleicht Tasso de Wissenburch (oder Wizenburch), dem die Königsaaler Chronik ein eigenes Capitel widmet. Königs. Geschichtsq. S. 172, 173. Doch darf man auch an Tasso de Lomnitz denken, der mit den obengenannten Witigo von Schwabenitz und Matthäus de Nigromonte zusammen in einer Zeugenreihe am 26. Februar 1295 vorkommt (Regg. Boh. 722, 23). Nicht Mathias sondern Mathäus de Nigromonte, Kämmerer von Mähren, s. Regg. Bohem. 639, 700, 722—723 u. a. Er wird freilich auch in einer Urkunde Mathias genannt. (Regg. Bob. 723).

## 29.

*König Wenzel II. bestätigt auf Bitten des Pfarrers Nicolaus von Schreckendorf ein dessen Vorgänger Daniel am 27. September 1264 von König Přemysl Ottokar II. ertheiltes Privilegium für die Pfarre Schreckendorf. Vor dem 1. März 1296.*

In a) nomine sancte et individue trinitatis Amen. Wenceslaus dei gracia rex Bohemie et marchio Moravie omnibus in perpetuum. Cum erumpnose humanitatis fragilitatem sollicita mente revolvimus, que manentem b) non possidet hic civitatem, dum auctorem vite speculatorem eternum, qui sue in speculo mentis cunctarum est conscius rerum, de intellectus indagine contemplamur, bonis premia malis supplicia dispensantem: regie fore credimus expediens maiestati totam ad illud sui animi aciem vertere ad sue intencionis propositum inclinare, quod sibi sui favoris comparet graciam ipsi in suis actibus complacendo. Et tanto fervencius totoque vigilancius divine c) supereminencie debet gestis et gestibus reverenciam exhiberi d), quanto magis regibus suffragatur potencia serviendi et de talento sibi tradito in examine recti iudicii racionem sunt instancius et discrecius reddituri. Secundum hoc igitur privilegium noscat tam presens etas quam successura posteritas futurorum, quatenus honestus vir Nycolaus plebanus ecclesie Sreckdorf in e) nostra nuper constitutus presencia nobis quoddam f) privilegium prefate ecclesie a felicis memorie domino Otakaro gloriose rege Bohemie quondam patre nostro super confirmacionem bonorum eidem ecclesie concessorum g) et quibusdam immunitatibus ostendit et suppliciter exoravit, ut nos idem privilegium renovare, ratificare et confirmare de nostre benignitatis (gracia) dinguaremur. Erat autem privilegium ipsum non abolitum, non abrasum, non cancellatum nec in aliqua parte sui viciatum cum sigillo pendente proprio et integro olym prefati patris nostri: et tenor et continencia eius talis (erat): *Othakarus dei gracia rex Bohemie et marchio Moravie omnibus in perpetuum. Et si h) regie benignitatis clemencia iusta subditorum nostrorum favorabiliter exaudire precamina nostram digne doceat maiestatem, illorum tamen peticionibus condescendere dingnius et decencius reputamus, quos vite laudabilis honestas et sacerdocii insignit dignitas ac per quos nobis apud homines adcrescunt preconia et apud deum premia promeremur. Huius igitur tenore privilegii notum facimus universis tam presentibus quam futuris, quod nos Danieli presbytero suisque successoribus plebanis ecclesie Sreckeri perpetuo duos laneos nostros in eadem villa ipsi ecclesie immediate coniunctos cum pascuis, pratis, aquis aquarumque decursibus, venacionibus ac omnibus pertinenciis | suis pro remedio animarum predecessorum nostrorum ac progenitorum contulimus propter deum, mandantes i) universis et singulis iudicibus, purchraciis, dominis et steure collectoribus quibuscunque, ut ab omnibus in bonis dicte ecclesie residentibus nullam exaccionem, steuram, collectam generalem (vel) specialem exigere audeant aut in villam unquam impediant, sicut nostram graciam diligunt pariter et favorem, firmiter in mandatis. In cuius rei testimonium presens scriptum fieri et sigilli nostri munimine fecimus roborari. Actum et datum anno domini 1264 quinto Kal. Octobris.* Nos igitur tam instis peticionibus dicti plebani annuentes quam cupientes voluntatem progenitorum nostrorum firmam et inviolabilem permanere, privilegium ipsum renovantes k) et pacificantes confirmamus omnia, que ipsius tenor habet, rata ac grata tenemus et tenere volumus perpetuo atque firma. In quarum renovacionis, ratificacionis ac confirmacionis nostrarum l) robur et testimonium perpetuo duraturum presens privilegium fieri sigilli (que) m) nostri pendentis appensione fecimus communiri. Actum etc.

---

*a)* Am Rande: *Super confirmacionem et concessionem ecclesie habendam.* — *b)* Cod.: *monentem.* — *c)* Cod divicie. — *d)* Cod.: *exhibere.* — *e)* Cod.: *et nostra.* — *f)* Cod.: *quomodo.* — *g)* Cod.: *et cessorum.* — *h)* Cod.: *de regie.* — *i)* Cod.: *mandante.* — *k)* Cod.: *preremorantes; et* fehlt. — *l)* Cod.: *nostrorum.* — *m)* Cod.: *que* fehlt.

## 30.

*Der Bischof Tobias von Prag setzt auf Grund eines an ihn gerichteten Schreibens Wenzels II. (vom 16. Juli) den Kleriker Nicolaus als Pfarrer in Schreckendorf ein. Vor ¹/₂ 1296.*

Thobias dei gracias Pragensis episcopus omnibus presentes literas inspecturis salutem et sinceram in domino caritatem. Noveritis quod nos precordialis domini nostri Wenceslay literas recepimus in hec verba: *Reverendo in Christo patri domino Thobie venerabili Pragensis ecclesie episcopo Wenceslaus dei gracia rex Bohemie salutem et paratam (ad) a) ipsius beneplacita voluntatem. Paternitati vestre ad vacantem b) vobis ecclesiam in Brekendorf (sic) Nicolaum clericum exhibitorem presencium duximus presentandum, petentes affectuose, quatenus ipsum in prefata ecclesia confirmare dignemini et in eam c) investire de spiritualibus propter Deum. Datum Prage XVII Kal. Augusti.* Cupientes igitur peticiones prefati domini nostri regis d) racionabiles et honestas debito effectu mancipari predictum Nicolaum clericum exhibitorem presencium in predicta ecclesia de Srekendorf rectorem e) instituimus legitimum plebanum ipsam sibi cum omnibus pertinenciis auctoritate qua fungimur confirmantes et curam ei animarum ibidem prout ad nostrum spectat officium committentes. In cuius rei testimonium, ne super (hoc) a quoquam in posterum valeat dubitari, scriptum huiusmodi fieri fecimus et sigilli nostri karactere insignitum prefato illud clerico liberaliter assignantes ad rei huius de facti evidenciam sempiternam. Actum etc. ¹)

## 31.

*Bischof Tobias von Prag ertheilt allen, die zur Herstellung des dem Einsturz nahen Chores der Prager Kirche einen Beitrag zahlen, einen Ablass von einem Jahr und 40 Tagen. So auch Bischof Theoderich von Olmütz und die Bischöfe Theoctist von Adrianopel, Johannes von Mocessus, Philippus von Salerno und Bonifacius einen solchen von 400 Tagen. 1287—1289.*

Thobias f) dei gracia episcopus universis Christi fidelibus per Pragensem civitatem et dyocesim constitutis salutem in domino sempiternam. Quoniam, ut dicit apostolus, stabimus ante tribunal dei, recepturi prout in corpore gerimus, sive bonum fuerit sive malum, oportet nos diem messionis extreme operibus misericordie prevenire ac eternorum intuitu ea seminare in terris, que reddente domino cum multiplici fructu recolligere valeamus in celis, firmam spem fiduciamque tenentes, quoniam qui parce seminat parce metet, et qui seminat in benediccionibus, de benediccionibus, et metet vitam in posterum sempiternam. Cum itaque ambitus sancte Pragensis ecclesie spiritualis matris nostre minetur ruinam et a fundamentis reedificari g) debeat opere sumptuoso, ne ad hoc ipsius ecclesie, que hiis guerrarum temporibus in bonis et possessionibus suis multiplex h) et grave dispendium sustinuit per diversa, rogamus, monemus, ortamur attente in remissionem

---

a) Cod : fehlt. — b) Cod.: *ad vocantem nobis ecclesie.* — c) Cod.: *in ea devestire.* — d) Cod.: *regem.* — e) Cod. *rectore.* — f) Darüber und daneben einige stark verwischte Worte: *Elemosine post ad ....* — g) Cod.: *ratificari.* — h) Cod.: *multplices.*

¹) Wie auch in diesen Stücken das Formular Guido Faba's zur Vorlage diente, sieht man aus der fast gleichen Einleitung

| G. Faba S. 183 | |
|---|---|
| Noveritis nos tales literas a summo pontifice recepisse: | Noveritis, quod nos etc. ... |
| Gregorius etc. .. | |

Der Todestag des Bischofs Tobias ist der erste März 1296. Ganz genau lässt sich nach den vorhandenen Angaben das Datum nicht festsetzen.

vestrorum vobis peccaminum, iniungentes, quatenus ad opus reedificacionis eiusdem ambitus de bonis a deo vobis collatis vestras pias elemosinas et grata caritatis subsidia taliter erogare curetis, cum super hoc fueritis requisiti, ut per hoc et alia bona, que domino inspirante feceritis, ad eterna possitis *a)* gaudia pervenire. Nos enim de omnipotentis dei nostri et beatorum Viti, Wenceslay atque Adalberti martyrum, patronorum ipsius ecclesie, sancte Marie gloriose virginis et omnium aliorum sanctorum meritis et intercessionibus confidentes omnibus vobis vere penitentibus et confessis, qui ad opus ambitus iam dicti manum porrigeritis *b)* adiutricem, annum et quadraginta dies iniuncte penitencie misericorditer relaxamus, peccata insuper oblita, vota facta, si ad ea redieritis, offensas patrum et matrum sine manuum iniectione violenta, ac iuramenta que fiunt animi levitate, devocioni vestre in dei misericordia condonantes. Et sciatis — quod venerabilis pater dominus Theodricus Olomucensis episcopus frater noster in Christo dilectus similem talem et tantam remissionis graciam benefactoribus huius operis ac patres et domini Theocistus Audripolensis, | Johannicius Mokycensis, Philippus Salernitanus, Bonifacius etc. episcopi sin- Fol. 67 a singulis singulas quadragenas in hoc casu salutifero, quod nos gratum et acceptum habemus, misericorditer eciam contulerunt. Ut autem *e)* salus vestrarum animarum per hec et alia dona spiritulia propensius *d)* augeatur, scire debetis, quod honorabiles viri prepositus, decanus totumque capitulum prefate ecclesie Pragensis et omnes ac singuli presbyteri, dyaconi, subdyaconi et alii clerici ipsius quemlibet ex vobis *e)*, qui auxilium prebuit cuicumque *f)* operi predicto, omnium missarum et quarumlibet oracionum ac benefactorum salubriumque, que die noctuque in ipsa ecclesia exercentur, nostro ad hoc accedente consilio et assensu, fecerunt participes et collegas presentibus post annum minime valituris; quas nunciari (?) *g)* per questiarios prohibemus, eas, si secus factum fuerit, carere iuribus decernentes. In cuius rei testimonium presens scriptum nostre et prefate sancte Pragensis ecclesie nostre nec non predictorum dominorum prepositi et decani sigillis fecimus insigniri. Datum Prage etc. ¹)

32.

*Der Abt Chwalco von Kloster Hradisch verleiht mit Zustimmung des Generalabts und des Abtes von Strahow (Mons Sion) dem Propst Johann von Wyssehrad den Besitz der Stadt Weisskirchen und Umgebung zum Zwecke der Besiedlung und unter der Bedingung, dass er 10 Jahre hernach an das Kloster jährlich 3 Mark Gold oder 30 Mark Silber zahle, den Zehent an das Olmützer Bisthum und die Brückengelder entrichte, das Erträgnis etwa zu errichtender Bergwerke mit dem Kloster theile, endlich dass nach dem Ableben des Propstes oder wenn dieser seinen Stand verändert haben sollte, der ganze Besitz an das Kloster zurückgegeben werde. Olmütz 1296.*

Nos Chwalko *h)* divina providencia abbas Gradicensis Premonstratensis ordinis notum fieri cupimus universis presencium noticiam habituris, quod attendentes circuitum in Hranicz *i)*, qui et Alba ecclesia nuncupatur, ad nostrum monasterium pertinentem modice et pene nullius utilitatis propter sui desolacionem *k)* nobis emolumentum afferre et divina delibe-

---

*a)* Cod.: *possidis.* — *b)* sic. — *c)* Cod.: aut. — *d)* Cod.: perensius. — *e)* Cod.: ex nobis. — *f)* Cod.: quocunque. — *g)* Cod.: micti. — *h)* Am Rande: *Super concessionem quibusdam ad tempus sue vite.* — *i)* Cod.: Harnicz. — *k)* Cod.: *disolucionem.*

¹) Es ist beachtenswerth, dass die Fortsetzer des Cosmas, die von den Verdiensten dieses Bischofs um die Prager Kirche viel erzählen, von dem oben Erzählten nichts berichten s. FF. rer. Boh. II, 367. Auch Frind's Kirchengeschichte weiss von diesen Verdiensten des Bischofs nichts. Von den in der Urkunde genannten Bischöfen wird Theoctist von Adrianopel mehrfach in böhm. Urkunden genannt. Regg. Boh. II, S. 1229, 642, Johannicius ebenda S. 642, doch ist in der obigen Urkunde der Beiname richtiger, s. Grünhagen, Regg. zur schl. Geschichte 3. 111. Dort sind Theoctist und Johannicius zum Jahre 1288 neben einander genannt.

racione pensantes, ipsum circuitum propter multa impedimenta et maxime propter(ea), quod necessitatibus ipsius predicti monasterii nostri contracta in Iudea *a*) non posse nos viriliter reformare, tandem habita deliberacione matura de licencia et favore serenissimi domini nostri Bohemie regis et marchionis Moravie ac eciam de venerabilium patrum videlicet summi patris abbatis *b*) Premonstratensis et patris abbatis Montis Syon et generalis capituli de consensu unanimi predictum circuitum in *c*) Alba ecclesia cum opido, villis, nemoribus, campis cultis et incultis, pascuis, aquis, molendinis et quibuslibet iuribus et pertinenciis suis, quocunque nomine censeantur, venerabili domino Johanni preposito Wissegradensi Bohemie cancellario tytulo beneficii seu provisionis damus et concedimus ad tempora vite sue propter multimoda sue promocionis adiumenta, quibus nobis et *d*) ecclesie nostre benefactor precipuus *e*), utilis promotor semper extitit et existit et multi-

Fol. 67 c pliciter graciosus, non solum ipsi domino ¦ preposito in hac parte sed nostre pocius ecclesie procul dubio providentes: cum equidem nullatenus dubitamus, ipsum circuitum per ipsius domini prepositi providenciam posse et debere reintegrari penitus et locari, quod per nos fieri non poterat, et postremum ad nostrum redire monasterium cum fructibus multiplicatis (et) *f*) quibuslibet incrementis. De quo circuitu prefatus dominus prepositus exspiratis decem annis continuatis a data presencium nostro predicto Gradicensi monasterio tres marcas auri vel triginta marcas puri argenti Moravici ponderis dare et exsolvere tenebitur in festo beatorum Georii et Martini per medietatem annis singulis dividendo. Excepimus eciam pro nobis parrochiales ecclesias *g*) insignes domini, quarum provisio *h*) dum vacare ceperi(n)t nostro monasterio liberaliter remanebit. Ceterum ipse prepositus domino nostro Olomucensi episcopo pro denariis decimalibus et pro iure poncium tenebitur respondere aut certe nobis colligendi per eandem hereditatem ipsos denarios decimales et poncium unacum suo nuncio facultas integra remanebit. Condictum est inter nos eciam et promissum, quod si deo prepitio minera cuiuscunque metalli in ipsa emerserit hereditate, in montibus vel rivulis, quocunque nomine censeantur, ipsum lucrum quodcunque evenerit per medium dividemus. Domino enim proposito media pars, nostro vero monasterio pars altera lucri cedet. Postquam autem domino preposito humanitus (mori) *i*) acciderit, aut si ipsum ad episcopalem vel monachalem statum *k*), si deo placuerit, processu temporis evocare seu habitum assumere laycalem (contigerit) *l*), extunc prefatus circuitus in Hranicz cum oppido, villis et omnibus suis attinenciis et cum singulis melioracionibus suis sive in edificiis vel in minis seu in animalibus et rebus mobilibus et cum utilitatibus universis, quocunque nomine censeantur *m*), que per ipsius domini prepositi providenciam accrescerent *n*) ad nostrum prefatum monasterium sine aliqua difficultate, quolibet cessante impedimento, redibunt liberaliter et quiete. In cuius provisionis et ordinacionis nostre confirmacionem presentem literam proinde confectam prefato domino preposito dedimus et

Fol. 62 d eam ad maiorem cautelam serenissimi domini nostri regis predicti, patris venerabilis abbatis Montis Syon nostro nostrique monasterii munimibus sigillorum petivimus communiri. Datum ¦ in Olomuncz anno domini 1296 [1]).

---

*a*) Cod.: *in videam.* — *b*) Cod.: *abbas.* — *c*) Cod: *et.* — *d*) Cod.: *fehlt.* — *e*) Cod.: *precipuis.* — *f*) fehlt. — *g*) Cod.: *ecclesias insignis domini quarum.* — *h*) Cod.: *divisio.* — *i*) Cod.: fehlt. — *k*) Cod.: *stum.* — *l*) fehlt. — *m*) Cod.: *cessantur.* — *n*) Cod.: *accrescerentur*.

[1]) Das Stück gehört zu Nummer 27 und Boczek V, 41. Der summus pater abbas Premonstr. ist Generalabt Wilhelm, s. oben. Mons Sion ist das Kloster Strahow. Da die Einwilligung des Generalcapitels schon eingetroffen ist, so dürfte dieses Stück ungefähr erst in den Sommer 1296 zu setzen sein. Es wird also das letzte Klostergut sein, das diesem Propst in so reichem Masse zugeflossen ist.

## 33.

*Witigo von Schwabenitz und seine Söhne Sebor und Bernhard verpfänden unter der Bürgschaft Sezemas von Brandeis für eine an Epiphanias zurückzuzahlende Schuld von 100 Mark Silber ihren Besitz Hermanitz und 80 Mark dazugehörige Einkünfte. 1298.*

Nos a) Witigo de Svabnicz, Seborius talis loci, Bernhardus de tali loco filii nostri, notum facimus universis tenorem b) presencium inspecturis, quod honesto viro Jacobo filio Wolflini civi Pragensi et heredibus suis hereditatem nostram Hermannicz et octoginta marcarum argenti redditus ad eandem hereditatem pertinentes cum aliis omnibus attinenciis eiusdem hereditatis in quadringentis marcis puri argenti, quas eidem Jacobo tenemur exsolvere pro sexaginta et quatuor staminibus de Ypra a die Epiphanie domini proxime nunc venturo hucusque ad unius anni spacium per completum duximus presentibus obligandum, tenore presentis scripti promittentes, quod si dictam hereditatem redditusque octoginta marcarum in dicti anni spacio revoluto a dicto Jacobo predicta pecunia non exsolverimus, extunc immediate post dictum diem Epiphanie domini anni secuturi civitatem Pragensem nomine obstagii data fide et absque omni dolicapcione intrare promittimus et debemus nunquam abinde c) exituri, nisi prius dicto Jacobo et suis heredibus de prescripta summa pecunie sit satisfactum integraliter et ex toto. Quod si non fecerimus, extunc promissum nostrum nos fatemur presentibus violasse, et si quod absit alieni ex nobis predictis periculum mortis vel alia impedimenta legitima, que possemus probare et ostendere, imminerent, racione quorum predictam civitatem in dicto non possemus intrare termino, nichilominus alii, quicunque superstites ex nobis fuerint, dictam civitatem nomine obstagii in prescripto termino intrabunt, nunquam de eadem recessuri, nisi prius dicto Jacobo de totali pecunia sua prescripta sit satisfactum integraliter ex toto vel complete. Quod si non fecerimus, extunc dictus Jacobus vel ille, cui vices suas duxerit committendas, habet et habere poterit plenam et liberam facultatem, tantum de d) dictis hereditate et redditibus vendendi, ut sibi exinde de sepedicta sua pecunia integraliter satisfiat, et nos emendi quamcunque partem dicte hereditatis e) et reddituum a dicto Jacobo promittimus disbrigare et ipsam sibi ab accione seu impeticione quorumcunque reddere liberam et immunem iuxta formam iuris et consuetudinis ipsius terre actenus approbatam. Quod si non fecerimus, extunc dominus Zezema de Brandis iudex provincialis se pro nobis dicto Jacobo in caucione fideiussoria obligavit sub hac obligacionis cautela, ut cuicunque dictus Jacobus partem dicte hereditatis et reddituum vendidit, illam sibi idem Zezema nomine et vice ipsius Jacobi debeat disbrigari et reddere eam ab omni accione et impeticione liberam et immunem. Quod si non faceret, extunc civitatem f) Pragensem nomine obstagii intrabit, ab eadem g) non exiturus, nisi prius dicto Jacobo et illi, qui apud ipsum Jacobum partem dicte hereditatis h) emerit et exsolverit, ipsam a qualibet accione seu peticione faciat liberam et solutam. Quod si non fecerit, extunc ipse Zezema violator sue fidei debet ab omnibus de cetero reputari. Provisum est eciam et assumptum quod cuicumque dictus Jacobus presens scriptum duxerit committendum.

---

    *a)* Am oberen Raude: *Super obligacionem hereditatum* .... *racione pecunie*. — *b)* Cod.: *tenore* — *c)* Cod.: *et exituri*. — *d)* Cod.: *et*. *e)* Cod.: *hereditate*. Am oberen und rechten Seitenrande stehen folgende Verse:

         *Ni michi sicut ego*
         *Non eris alter ego,*
         *Inter opes multas*
         *Cum sit mihi magna facultas,*
         *Parisius dego,*
         *Catulus alter ego.*

*f)* Cod.: *civitatis*. — *g)* Cod.: *ab eidem*. — *h)* Cod.: *hereditatuum*.

ille nomine et vice eiusdem Jacobi plenam et liberam habeat voluntatem, premissa et quodlibet premissorum a nobis in dicto termino requirendi, et nos eidem omnia et singula superius conscripta volumus et permittimus fideliter implere sub singulis condicionibus superius prenotatis. Preterea si dictum Jacobum (partem) *a*) dicte hereditatis et reddituum vendere contingeret, vel ille, cui vices suas ad vendendum committeret, et si emptorem paratum habere forsitan non posset, extunc quamdiu partem dicte hereditatis et reddituum vendere non poterit, volumus et admittimus, ut redditus de eadem hereditate percipere et recipere debeat, ipsos in suam propriam utilitatem tamdiu libere convertendo, quamdiu ipsa hereditas et redditus | predicti a dicto Jacobo non fuerint exsoluti et nichil ex eo ipsi Jacobo de capitali pecunia promittimus defalcare. Ceterum dicto Jacobo et suis heredibus promittimus omnia et singula superius inscripta fide et absque omni dolicapcione fideliter adimplere, nec contra ea vel aliquod eorum venire per nos vel per interpositas personas vel eciam aliquod attemptare, renunciantes in hiis scriptis expresse omni iuris auxilio tam canonici quam civilis, quod nobis possit aliqualiter suffragari, ut omnia predicta vel quodlibet predictorum dicto Jacobo et suis heredibus non servaremus vel in aliquod violaremus, ymmo omnia et singula eis grata tenebimus atque rata. Ut igitur omnia supra dicta rata maneant et inconvulsa, in testimonium omnium predictorum presentes literas dicto Jacobo et suis heredibus ad cautelam dedimus et ipsas reverendi *b*) in Christo patris domini Gregorii venerabilis Pragensis episcopi sigilli nec non sigillorum nostrorum ac eciam dicti domini Zezeme sigilli munimine procuravimus communiri. Actum et datum Prage anno domini 1295.[1])

### 34.

*Der Bischof Theoderich von Olmütz gibt seinem Marschalk Albrecht (recte: Soběhrd) von Holleschau die Erlaubnis, ein Lehen in Dražowic an den Wyssehrader Domherrn und Pfarrer in Grätz Magister Wenzel und seinen Bruder Adam zu verkaufen. Olmütz, 1295 September 30.*

(S. oben Einleitung. S. 20.)

### 35.

*Der Bischof Prokop von Krakau verleiht dem Propst Johann von Wyssehrad aus seinem Tafelgut 100 Mark jährlicher Einkünfte zu und zwar 50 Mark von dem Einkommen einer Stadt (Salutocia?) und 50 Mark vom Salzzehent zu Wieliczka. Pray, 1204, (Mitte Juni).*

Procopius *c*) miseracione divina Cracoviensis episcopus omnibus Christi fidelibus hanc paginam inspecturis salutem in omni salutari et noticiam subscriptorum. Ecclesiasticis utilitatibus desudantes ecclesiastica dignum est remuneracione gaudere. ut, qui se voluntarios ecclesiarum necessitatibus sponte subiciunt, digne nostris provisionibus consolentur. Perinde quia dominus Johannes divina providencia Wissegradensis prepositus et cancellarius regni Bohemie nobis et ecclesie nostre utilibus serviciis et fidelibus desudavit. quorum fidelitas continua evidentibus patuit argumentis, digne | retribucionis refectum (?) *d*) exposcendo, nos ipsum dominum

---

*a*) Cod.: fehlt. — *b*) Cod.: *reverendas*. — *c*) Eine Randnote grossentheils weggeschnitten: *Episcopus scribit . . . . iis . . . . plura . . o . . noti . . . fcando . . . . dum.* — *d*) Die Handschrift hat *reficuit*; was keinen Sinn gibt.

[1]) Ueber Witigo s. oben Nr. 8, 9, 11, 28. Der iudex Zesema wird in einer Urk. Wenzels II. für das Prager Bisthum (Regg. Boh. S. 1196) genannt.

Johannem pro suis beneficiis et meritis consolacionis oculo ac paterno affectu intuendo cum ipso et ipsi facientes hanc graciam specialem, de nostri Cracoviensis episcopatus mensa eidem domino Johanni pure et libere hos redditus: videlicet in civitate nostra Salutoviensi de suppa quinquaginta et in vendicione decimarum Wisliciensis (s)alis quinquaginta marcas argenti Polonici ponderis annis singulis et quoad vixerit plene et integre absque ulla diminucione percipiendas concedimus et donamus. Dignum est enim, ut cui quis ecclesie seu persone beneficia impendere dinoscitur, habeat consolacionem ab eadem. In horum itaque evidenciam cerciorem predicto Johanni hanc paginam contulimus nostri sigilli munimine roboratam. Actum Prage anno domini 1294.¹)

36.

*Propst Johann von Wysschrad, Kanzler des Königreiches Böhmen, der Protonotar Magister Peter Propst von Brünn, der Burggraf Burkhard von Magdeburg, Kämmerer von Böhmen, und der Burggraf Thobias von Bechin bekennen, dem Dietrich Wölfel 120¹/₂ Mark Silber zu schulden, und verpflichten sich, es an dem nächsten Feste der Erscheinung des Herrn zu bezahlen.*

Nos a) Johannes dei gracia ecclesie prepositus Wissegradensis regni Bohemie cancellarius, magister Petrus Brunnensis prepositus eiusdem b) regni prothonotarius, Burchardus purchravius de Meydburch dicti c) regni camerarius et Thobias burchravius de Bechin notum facimus universis, quod nos honesto viro Dietrico filio Wolflini civi Pragensi centum et viginti marcas puri argenti et mediam absque omni dolo dare in solidum et exsolvere promittimus pro d) decem et octo pannis de Ypra et uno panno de Popringe in festo Epiphanie domini proxime venturo. Quod si non fecerimus, extunc civitatem Pragensem nomine obstagii immediate post dictum festum Epiphanie intrare promittimus et debemus, non exituri de eadem, nisi prius dicto Dietrico de prescripta pecunia fuerit ex toto et integraliter satisfactum. In cuius rei testimonium presentes litteras conscribi fecimus sigillorum nostrorum munimine communitas. Datum.²)

37.

*Quittung Jacob Wölfels über 200 Mark, die er auf die Weisung des Herrn Reinhard, des Kämmerers Wolflain und des Notars der kgl. Kammer Hermann von den Collectoren des Saazer Kreises Albert Spatzmann, Notar Nicolaus und Dietrich Wölfel erhalten hat.*

Notum sit universis presens scriptum inspecturis, quod de voluntate serenissimi domini regis e) Bohemie dominus Re(i)nherus et Wolflainus, camerarius nec non dominus Hermannus notarius camere incliti domini regis ordinaverunt michi domino Jacobo quondam filio Wolflini civi Pragensi ducentas marcas puri argenti ad recipiendas apud dominum Albertum  Fol. 69 a

*a)* Darüber: *Litera super debitum (sic) quedam solvendam (sic).* — *b)* Doppelt. — *c)* Cod.: *dictus.* — *d)* Cod.: *et decem . . .* — *e)* Cod.: *rex.*

¹) Procopius mit dem Beinamen Ruthenus ist Bischof von Krakau von 1292 1295. Er leistete am 20. Juni 1294 in Heisein auch des Propstes Johann dem Könige Wenzel den Treueid (Regg. Boh. 70s) und erscheint auch als Zeuge in einer Urkunde vom 13. Juni d. J. Am 16. Juni stellt er für das Bruditen-Kloster St. Augustin eine Urkunde aus. In diese Zeit durfte daher wohl die obige Urkunde fallen. — ²) Ueber den Protonotar Peter, den Sohn des Angelus, s. Emler, Die Kanzlei der böhm. Könige Premysl Ottokars II. und Wenzels II., S. 47 52. Da sich Peter erst seit der Erhebung der Brünner Pfarrkirche St. Peter zur Collegialkirche, deren erster Propst er wurde, praepositus Brunnensis nennen konnte, so ist die obige Urkunde frühestens auf 1296 zu setzen. S. Regg. Boh. S. 741.

Spacemanum et dominum Nicolaum notarium et Theodericum filium quondam Wolflini collectores in provincia Zacensi; quas videlicet a) ducentas marcas argenti ego Jacobus predictus apud predictos collectores ipsius berne me fateor plenarie recepisse. In cuius recepcionis evidenciam pleniorem presens scriptum fieri feci (et) proprio sigillo iussi communiri. Datum anno etc.¹)

38.

*Hinco von Duba, Heinrich von Lipa und Reimund von Leuchtenburg bekennen dem Friedmann von Smayn (Sinan) 62 Mark Silber zu schulden und verpflichten sich, diese Summe zu ungetheilter Hand am nächsten Pfingstfeste zurückzuzahlen oder falls dies nicht möglich wäre, ihm ausreichende Pfänder für die Zurückzahlung zu geben.*

Nos b) Henco de Duba, Henricus de Lipa, Re(i)mundus de Luchtemburch tenore presencium publice recognoscimus et fatemur, quod viro honorabili et discreto Fridmano dicto de Smayn tenemur sexaginta duas marcas puri argenti et Pragensis ponderis, quam videlicet c) summam pecunie eidem Fridmanno dare et exsolvere promisimus d) manu congregata et tenemur absque omni dolicapcione ac fide sincera in festo Pentecostes proxime nunc venturo, tali addita condicione, quod si predicto Fridmano promptam et paratam pecuniam exsolvere et dare non possemus in nullum eventum in termino prescripto, extunc promisimus manu congregata ipsi Fridmano dare et presentare bona et sufficiencia pingnora, que scilicet pingnora predictus Fridmannus possit et valeat obligare in Judea vel ubicunque sibi placuerit pro sexaginta duabus marcis puri argenti ipsius sine dampno et gravamine. In cuius rei testimonium et certitudinem firmiorem presentes literas eidem Fridmano conscribi fecimus pro cautela et sigillorum nostrorum munimine communiri. Datum et actum etc.²)

39.

S. Nr. 37. Die beiden Stücke sind identisch. Nur wird Wolflainus hier noch bei seinem Titel subcamerarius genannt.

40.

*Heinrich und Hecica von Lipa bekennen, dem Prager Bürger Mathäus von Eger 30 Mark und 5 Viertel für 5 Stück Tuch von Ypern und 13 Mark für 4 Stück aus Popringen zu schulden, und verpflichten sich, dies Geld am nächsten Jacobifest zu bezahlen. 1296...*

Nos e) Henricus et Hecica f) de Lipa tenore presencium congregata manu dare et exsolvere promittimus honesto viro Mattheo de Egra civi g) Pragensi in festo sancti Jacobi proxime nunc venturo triginta marcas et quinque fertones puri argenti Pragensis ponderis pro quinque staminibus de Ypra nec non tredecim marcas argenti pro quatuor staminibus de Pringe.

a) Cod.: valet. — b) Am Rande: *Super debitum quoddam solvendum.* — c) Cod.: valet. — d) Cod.: et mann congregata. — e) Am Rande: *Litera obligacionis intrandi civitatem nomine obstagii pro pecunia.* — f) Cod.: Henico. — g) Cod.: civis.
¹) Zu Reinherus s. auch Nr. 39. — ²) Die Namen Hinco de Duba, Henricus de Lipa und Reimundus de Luchtenburg spielen in der Geschichte dieser und der nächsten Zeit eine zu bekannte Rolle, als dass hier viel darüber gesagt zu werden brauchte; s. u. a. Kgs. Gesch. 164, 452, 312, 217, 220, 233, 238—242 u. s. w., zu Reimund von Luchtenburg S. 222; 395. Fridmannus de Smayn als Fridemannus de Sinan ebenda S. 316. Zu letzterem vrgl. noch Regg. Boh. II, S. 952, 970.

(que) a) apud dictum Mattheum in credenciam recepimus b), difficultate qualibet procul mota. Quod si non fecerimus, extunc sequenti die post dictum festum sancti Jacobi civitatem Pragensem nomine obstagii intrare promittimus et debemus nunquam de eadem civitate recessuri, donec predicto Mattheo de prescripta pecunia sit ex toto et integraliter satisfactum. In cuius rei testimonium presentes literas conscribi fecimus et sigillorum nostrorum munimine communiri. Actum Prage anno domini 1296 Kal. c) etc. ¹)

41.

*Der Kämmerer Böhmens Burkhard von Magdeburg, der Marschalk Tobias Burggraf von Bechin und Heinrich von Duba bekennen Matthäus von Eger und Martin zu ungetheilter Hand 247 Mark Silber zu schulden und verpflichten sich, die Summe am nächsten Dreikönigtag zu bezahlen.*

Nos d) Burchardus camerarius regni Bohemie et purchravius de Maydburch, Thobias summus marschalcus Bohemie purchravius in Bechin nec non Heuricus de Duba notum facimus universis tenorem presencium inspecturis quod e) honestis viris Matheo de Egra (et) Martino (congregata) manu f) ducentas et quadraginta septem marcas puri argenti et Pragensis ponderis absque omni dolo dare et exsolvere promittimus in Epyphania domini proxime nunc ventura. Quod si non fecerimus, extunc Pragensem civitatem nomine obstagii immediate post dictam Epyphaniam domini intrare promittimus et debemus non exituri de eadem, nisi prius dictis civibus de prescripta pecunia fuerit ex toto et integraliter satisfactum. In cuius rei testimonium presentes literas conscribi fecimus sigillorum nostrorum munimine communitas. Actum et datum anno domini. ²)

42.

*Ulrich von Neuhaus verpflichtet sich, die von dem Prager Bürger Matthäus von Eger entlehnte Summe von 27 Mark und 4 Loth unter der Bürgschaft seines Ritters Bransuch an den nächsten Pfingsten zurückzuzahlen.*

Nos Ulricus de Nova domo tenore presencium promittimus Mattheo de Egra civi Pragensi dare et exsolvere viginti septem marcas argenti, quinque lotones in festo Pentecostes proxime nunc venturo. quod si non fecerimus, extunc Bransuch miles noster civitatem Pragensem nomine obstagii intrabit non recessurus de eadem civitate, nisi prius dicto Mattheo de prescripta pecunia sua sit satisfactum integraliter ex toto. Et si dictus miles infra dicti temporis spacium decederet, extunc nos in persona propria vel alter miles noster in predicto solucionis pecunie termino civitatem Pragensem nomine obstagii intrabimus sub singulis condicionibus superius annotatis. In cuius rei testimonium presentes conscribi fecimus litteras sigilli nostri munimine communitas. Datum etc.³)

---

a) Cod.: fehlt. — b) Cod.: receperit. — c) Allerdings könnte auch *1290*, VI Kal. gelesen werden. — d) Am Rande: *Litera obligacionis intrandi civitatem racione pecunie.* — e) Cod : *et.* — f) Cod.: *Egra Martino manu.*

¹) Vgl. auch die Nummern 38, 44, 46. — ²) Uiber die in dem Stücke genannten Personen s. oben 5, 10, 36, 38, 40 etc. Martin ist wohl der Regg. Boh. II., 636, 637 genannte Prager Bürger; er ist auch in dem nächsten Stücke als sororius des Matheus de Egra erwähnt. — ³) Das Stück ist wahrscheinlich identisch mit Nummer 5. Die Namen scheinen in diesem Stück die richtigen zu sein.

54

43.

*Tobias von Bechin, oberster Marschall von Böhmen, bekennt dem Prager Bürger Matthäus von Eger 200 Mark Silber für geliefertes Tuch zu schulden und verpflichtet sich unter Verpfändung seines Dorfes Chastraw, das Geld am nächsten Georgitag zu bezahlen.*

Nos *a)* Thobias summus regni Bohemie marschaleus dictus de Bechyn notum esse volumus universis tenorem *b)* presencium habituris, quod *c)* honesto viro Mattheo de Egra civi Pragensi ducentas *d)* marcas puri argenti tenemur Pragensis ponderis pro pannis, quos ad usus nostros recepimus ab eodem. Et promittimus eidem Mattheo pretactam pecuniam in festo beati Georii proxime venturo integraliter solvere bona fidei. Si autem infra predictum temporis spacium nos de hac vita divina permissione transire contigerit et predicta pecunia ipsi Mattheo nondum fuerit persoluta, tunc ipse Mattheus et sui heredes vel Martinus ipsius sororius civis Pragensis de villa nostra in Chastraw ¹) nomine obligacionis se intromittunt et tenebunt ipsam cum omnibus iuribus et libertatibus ad eandem villam pertinentibus tamdiu, donec prefata ducentarum marcarum pecunia eiusdem plenarie fuerit persoluta. In cuius rei testimonium presentes litteras fieri et eas nostri sigilli munimine iussimus roborari. Datum et actum anno domini etc.

44.

*Heinrich und Hecica von Lipa, Reimund von Leuchtenburg und Lupus von Donicz verpflichten sich, den Prager Bürgern Rudlinus und Fridlinus eine Schuld von 112 Mark zu ungetheilter Hand am nächsten Sonntag Judica me Deus zurückzuzahlen.*

Nos *e)* Henricus et Zbenica (sic) de Lipa, Re(i)mundus de Luchtenburch, Lupus de Donicz tenore presencium publice recognoscimus et fatemur, quod *f)* tenemur honestis viris Rudlino filio quondam H. Inuossii et Fridlino filio quondam Friderici inter Gallicos civibus Pragensibus centum et duodecim marcas puri argenti. Quam *g)* quidem centum et duodecim marcarum summam eisdem Rudlino et Fridlino dare et exsolvere promittimus manu congregata absque omni dolo ac fide data in proximo die dominico, qua cantatur *Judica me Deus* etc. Quod si non fecerimus, extunc promittimus fide sincera intrare civitatem Pragensem nomine obstagii. in quamcunque *h)* domum ipsi Rudlinus et Fridlinus nos fecerint intrare et ab eadem nunquam recessuri, nisi prius dictis Rudlino et Fridlino pecunia prescripta plenarie fuerit persoluta. Item promittimus eisdem Rudlino et Fridlino, quod si nos contingeret in ipsa civitate manere et iacere racione obstagii ultra spacium duarum septimanarum et ipsis Rudlino et Fridlino nondum pecuniam persolverimus, extunc predicti Rudlinus et Fridlinus habent et habere poterunt plenam et liberam facultatem pannos *i)* emendi et iterum vendendi super dampnum nostrum sub hac empcionis et vendicionis cautela, ut ipsi de totali pecunia superius prescripta una cum dampno, quodcunque supercreverit antedictam summam, satisfaciant *k)* integraliter et ex toto. In

---

*a)* Am Rande zum Theile abgeschnitten: *Littera provisi* ....... *intrandi racione obstagii pro pecunia.* — *b)* Cod.: *tenore.* — *c)* Cod.: *et.* — *d)* Cod.: *decem*, aber unten ist das Wort *ducentarum* ganz ausgeschrieben. Richtiger scheint mir das erstere *decem* zu sein. — *e)* Am Rande: *Idem.* — *f)* Cod.: *et.* — *g)* Cod.: *quas.* — *h)* Cod.: *in quacunque.* — *i)* Cod.: *per annos.* — *k)* Cod.: *satisfaciatur.*

¹) Sollte hier eine verballhornte Uebersetzung von Vroburg vorliegen?

cuius rei testimonium presentes litteras conscribi fecimus et sigillorum nostrum municione iussimus communiri. Datum et (sic) anno etc. ¹)

## 45.

*Der Bischof Gregor von Prag bekundet, dass der Domherr vom Wyssehrad und Pfarrer in Budecz Friedrich dem Prager Bürger Matthäus von Eger und seinen Erben einen Zins von 20 Mark auf den Dörfern Blowitz und Kamenmost für eine Schuld von 47 Mark und einem Viertel und sein vor dem Kloster Zderas liegendes Haus für 17 Mark und ein Viertel bis zum nächsten Georgitag verpfändet habe. Prag 1297. Febr. 1.*

Nos a) Gregorius dei gracia Pragensis episcopus tenore presencium profitemur, quod b) honestus vir dominus Fridericus Wissegradensis ecclesie canonicus plebanus in Budecz in nostra constitutus presencia obligavit honesto viro Matheo de Egra civi Pragensi suisque heredibus censum viginti marcarum in villis Blecwicz et Kamenmost pro debito quadraginta septem marcarum et fertone argenti, in quibus eidem c) Matheo et suis (heredibus) d) dinoscitur obligatus sub condicionibus huiusmodi adhibitis e) plenius et expressis. f) ut ipse Matheus et heredes | sui dictum censum viginti marcarum argenti in dictis villis pro se recipere debeant, tam diu donec ipsis de predictis quadraginta septem marcis et fertone fuerit satisfactum integraliter et g) ex toto. Preterea dictus Fridericus obligavit dicto Matheo ac heredibus suis domum suam sitam ante claustrum Zderas in sedecim marcis argenti et fertone usque ad festum beati Georii proxime nunc venturum sub huiusmodi promisso interveniente, quod si eadem domus in eodem festo beati Georii non fuerit exsoluta, extunc ipse Fridericus in continenti ex h) eadem domo exire tenebitur atque debet; extunc ipse Mattheus (et) i) pueri sui liberam facultatem habent et habere poterunt vendendi domum eandem sub hac vendicionis cautela, quod si in vendicione domus eiusdem in dictis sedecim marcis argenti et fertone aliquem paterentur defectum, ille ipsis suppleatur in censu superius prenotato. Si dictus Fridericus dictam domum exsolverit ante festum sancti Georii antedictum, nichilominus et ipsam nec non curiam in dicta k) villa Camenmost sitam per dominum Johannem prepositum Zaceusem occupatam l), sed eadem curia ad manus ipsius Friderici devoluta, ipse Matheus et heredes sui cum censu predicto in sua potestate tenebunt et possidebunt eandem, ita tamen quod census, qui de eadem curia fuerit persolutus, ad summam dicti debiti debeat computari et ipsi Friderico in eodem debito defalcari. Dictus et dominus Fridericus sepedicto Matheo seu heredibus suis dictam locabit curiam, si ipsam conducere voluerit pro eodem censu, pro m) quo alter ipsam conduceret, ita tamen quod census eiusdem curie in summam dicti debiti computetur et ipsi Friderico in eodem debito similiter defalcetur, verum tamen nolumus n) quod per huiusmodi locacionem successori ipsius domini Friderici predicti aliquod preiudicium debeat generari. In cuius rei testimonium et predicti Mathei o) civis Pragensis heredumque suorum cautelam firmiorem presens scriptum fieri tam nostro quam honorabilis p) viri magistri | Rapotonis Tinensis

Fol. 70 a

Fol. 70 b

---

a) Darüber: *Litera obligacionis intrandi civitatem pro pecunie solucione.* Cod.: *Nos Gregoribus.* — b) Col.: *et honestis.* — c) Cod.: *Fridlino Mattheo.* — d) fehlt — e) Cod.: *adhibita.* — f) Cod.: *expresso.* — g) fehlt. — h) Cod.: *in* — i) fehlt. — k) Cod.: *in dictam.* — l) Hier scheint ein Wort zu fehlen. — m) Cod.: *per quod.* — n) Cod.: *veruntatem voluntamen volutamen volumus* — o) Cod.: *Matheo.* — p) Cod.: *homo rationabilis*

¹) Rudlinus ist zweifellos der in einer Urkunde vom 22. Nov. 1288 mit dem Beinamen Holli (worauf oben noch der erste Buchstabe H. deutet) bezeichnete Prager Bürger, bezw. sein Sohn; Fridlinus wohl der in der Königsaaler Chronik mit seinen Brüdern Johann und Nicolaus öfter genannte Fridericus de Gallis, S. 287, 349, 359.

prepositi nec non dicti domini Friderici sigillis fecimus roborari. Actum et datum anno domini 1297 Kal. Februarii indictione XI (sic), pontificatus vero nostri anno secundo.¹)

## 46.

*Heinrich und Hecika von Lipa nebst Reinmund von Leuchtenburg verpflichten sich, eine Schuld von 122 Mark an Jakob Wölfel acht Tage nach dem nächsten Sonntag Laetare zurückzuzahlen. 1300.*

Nos *a*) Henricus et *b*) Hecika de Lipa nec non Re(i)mundus de Luch(t)enburch tenore precencium publice recognoscimus et fatemur, quod viro honorabili *c*) et discreto Jacobo quondam Wolflini civis *d*) Pragensis filio tenemur centum et viginti duas marcas puri argenti et Pragensis ponderis. Quam summam centum et viginti duarum marcarum argenti eidem Jacobo ac heredibus suis dare *e*) et exsolvere promittimus congregata manu ac fide data post mediam Quadragesimam ad octo dies immediate sequentes. Quod si non exsolverimus predicto Jacobo et heredibus suis prescriptam pecuniam termino eodem, extunc predictus Jacobus ac heredes sui habent et habere poterunt plenam et liberam facultatem pannos emendi et iterum vendendi *f*) sub hac empcionis et vendicionis cautela, ut prefato Jacobo et heredibus suis tam de capitali pecunia quam eciam de dampno, quodcunque supercreverit eandem summam, satisfaciat integraliter et ex toto. Item promisimus eidem *g*) Jacobo et heredibus suis super terminum eundem intrare Pragensem civitatem et ab eadem nunquam recessuri, nisi prius ipsi Jacobo antedicto et suis heredibus plenarie persolvatur. Ceterum promisimus ipsis antedictis sincere et absque omni fraude cum nullo alio facto pagare, nisi cum puro argento sub condicionibus superius annotatis, qualitercunque status terre mutetur. Quod si hoc et singula superius expressa non adimpleverimus neque faceremus, extunc tenore presentis scripti fatemur nostram fidem erga ipsum Jacobum et suos heredes violasse. In cuius obligacionis et promissionis certitudinem firmiorem presentem literam memorato Jacobo suisque heredibus conscribi fecimus pro cautela et nostrorum sigillorum munimine iussimus communiri. Datum et actum anno domini 1300 etc.²) |

## 47.

*Der Dekan und das gesammte Capitel von Wyssehrad bekennt, dass der Magister Rapoto, Propst von Tein, Vorstand des Hospitals daselbst, dem Notar Albrecht für 12 Mark den zum Hospital gehörigen Zins auf dem Freudenhofe in Prag zugleich mit einem neben der Teinkirche lie-*

---

*a*) Am Rande: idem. — *b*) Cod.: et z. — *c*) Cod.: viro homo racionabili. — *d*) Cod.: civi. — *e*) ac heredibus suis dare doppelt. — *f*) Cod.: renditur. — *g*) Cod.: eodem.

¹) Gregor (von Hasenburg) ist Bischof seit dem 12. Juni 1296. Im Jahre 1292 ist Fridericus erst noch capellanus prepositi Wyssegradensis et plebanus in Budecz und es scheint mir, dass in diesem Sinne oben eine Correctur am Texte vorzunehmen sei, s. Regg. Boh. II, S. 683. Allerdings ist ja der Fall möglich, dass Friedrich in der Zwischenzeit der 5 Jahre selbst zum Canonicus aufgerückt sei. Blecwitz ist Blowitz, s. Regg. Boh. II, S. 549, wo es gleich mit Kamenmost erwähnt wird. Ueber Johannes, den Propst von Saaz, den Protonotar von Mähren, s. Emler, Die Kanzlei K. Přemysl Ottokars II. und Wenzels II., S. 46, 47. Rapoto, decretorum doctor, Domherr von Wyssehrad, Propst am Tein, archidiaconus von Kouřim, erscheint wiederholt in den Urkunden der Jahre 1290 bis 1308, s. Regg. Boh. Index S. 1394. S. auch unten Nr. 47. — ²) S. Nr. 40 uud 44.

*genden Hof auf ein Jahr verpachtet und 5 Mark bereits erlegt hat, von den anderen 4 an St. Galli und 4 zu Lichtmess erlegen wird. Wyssehrad 1298.*

Nos a) Bartholomeus decanus divina providencia totumque Wissegradensis ecclesie Fol. 70 c capitulum notum facimus universis presentes literas inspecturis, quod honorabilis magister Rapoto Tynensis prepositus, canonicus noster dilectus, cui hospitale nostrum commisimus, theloneum in leta curia in civitate Pragensi ad idem hospitale nostrum pertinens ab antiquo, una cum curia eiusdem hospitalis, sita circa b) ecclesiam beate Marie in Tyn viro provido et honesto Alberto notario pro duodecim (!) marcis puri argenti Pragensis ponderis exposuit seu locavit a festo translacionis beati Wenceslai nunc proxime venturo per unius anni revolucionem possidendum, tenendum et utifruendum ex certa nostra sciencia et consensu. De quibus duodecim marcis idem magister Rapoto confessus coram nobis est quinque marcas ab eodem Alberto iam recepisse sub pactis et condicionibus infrascriptis, hiis videlicet, quod predictus Albertus notarius de residuis quatuor marcis in festo beati Galli et alias quatuor marcas in festo Purificacionis beate Marie magistro Rapotoni solvet et explebit, occasione ac contradiccione qualibet proculmotis. Si autem quod absit idem Albertus notarius ante revolucionem ipsius anni debitum carnis exsolverit universe, extunc cuicumque ipse Albertus predictum theloneum una cum curia pretacta disponeret seu legaret tenendum, eundem ipsum theloneum cum dicta curia tenere promittimus usque ad finem anni memorati pacifice et quiete, ad hoc, si predictus magister Rapoto predictum hospitale nostrum quocumque casu ingruente forsitan resingnaret, promittimus bona fide ordinacionem. locacionem et pacta inter ipsum magistrum Rapotonem et Albertum notarium hincinde habita inviolabiliter conservare. In cuius rei testimonium presentes literas fieri et tam capituli c) memorati quam nostro ac predicti magistri Rapotonis d) sigillis procuravimus roborari. Datum in Wissegrado anno domini 1298¹).

18.

Privilegium dicitur quasi privatum ius vel lex privata et propria et specialis a e) iure communi. Indulgencia vero differt f) a privilegio, quia ea sollempnitate fieri non debet sed per quamlibet favorabilem graciam g) | alicui persone specialiter indulgetur. Privilegiorum hec h) sunt Fol. 70 a partes: tytulus, exordium, concessio generalis i), finalis corroboracio et sigillorum subscripcio. k) Tytulus est personarum disiunctiva premissio sine optacione l) salutis; et nota quod in clericis persona concedentis et recipientis ponitur in tytulo etc. . . . ²)

49.

*Bavor von Strakonicz, Burggraf von Klingenberg, nimmt die Brüder Myrko und Walther, Söhne des Přibislaw, die mehrere Excesse gegen ihn begiengen, unter der Bedingung wieder zu*

---

a) Am Rande, zum Theil weggebrannt: *Super locacion . . . curie cuiusdam*. Cod.: *Baretholameus*. — b) Cod.: *sitam circam*. — c) Cod.: *capituli quam*. — d) Cod.: *Rap̄*. — e) Cod.: *et iure*. — f) Cod.: *dicit*. — g) Cod.: *graciam ut*. — h) Cod.: *hoc*. — i) Cod.: *generali*. — k) Cod.: *subscripto*. — l) Cod.: *optacionis*.

¹) Ůiber den Decan Bartholomäus s. Nr. 25. Uiber Rapoto s. Nr. 45. Ob dieser Notar Albrecht etwa mit dem zum 17. Juni 1291 genannten subnotarius Albertus identisch ist, ist ungewiss. S. Emler l. c. 1196. — ²) Dies Stück stammt aus Guido Faba's Doctrina privilegiorum s. Rockinger, Briefsteller und Formelbücher des eilften bis vierzehnten Jahrhunderts in Quellen und Erörterungen zur baierischen und deutschen Geschichte IX, 1, 197.

58

*Gnaden auf, dass sie weder die Stadt Blatna noch ihre Güter ohne seine Bewilligung besuchen und gibt ihnen unter gewissen Bedingungen ihren Hof unter dem Schlosse Blatna zurück. Prag.*

Nos Bavarus de Straconicz a) purchravius de Clingenburck notum fieri volumus tenorem presencium inspecturis, quod Myrkonem et Wa(l)terum fratrem suum filios Pribizlai in nostram recepimus graciam et favorem, eis omnem culpam et excessus, quibus nos offenderant, plene et integre indulgentes, tali condicione, ut idem Myrko et Waltherus b) in civitate nostra Platena nec in ipsorum bonis sine consensu nostro non recipiant mansionem activam. Prefatis fratribus iam dictam civitatem Platna(m) nostram c) a prima die cum intraverint per quatuordecim dies in bonis eorum sive in eadem civitate manendi relaxamus, restituimus eciam eisdem Mirconi et Walthero curiam sub castro Platena sub hac restitucionis forma, ut dictus pater eorum dictam curiam habere et possidere debeat pacifice et quiete, dantes sibi et dictis filiis suis plenam et liberam facultatem eandem curiam vendendi et alienandi, cuicunque vel quibuscunque volueri(n)t sub eisdem iuribus quibus ipsam possiderunt ac temporibus d) habuerunt retroactis. Volumus preterea, ut quicunque predictos in dicta curia impediret e) seu eciam in aliquo aggravaret, ille se nostram indignacionem noverit penitus incurrisse. In cuius rei testimonium presentas literas ex certa sciencia nostra conscribi fecimus sigilli nostri munimine communitas. Actum Prage anno domini etc.¹)

50.

*Kunigunde, die Witwe Bernold's, eines Bürgers von Prag, und ihre Söhne Franz und Budmann verpfänden für 12½ Mark Silber, die sie für zwei Heinrich de Lapide gelieferte Stück Tuch dem Jakob Wölfel schulden, und ausserdem für 8 Stück Tuch diesem ihr neben dem Hause Jacob Fridingers gelegenes Haus und verpflichten sich ihre Schuld am Aschermittwoch zu bezahlen.*

Ego f) Kunigundis, relicta quondam Bernoldi civis Pragensis et filii mei Franciscus et Budmannus recognoscimus tenore presentis scripti publice protestantes quod nos honorabili viro Jacobo filio quondam Wolflini civi Pragensi domum nostram sitam in acie prope domum Jacobi Fridingeri, [ quam inhabitamus pro duodecim marcis argenti et dimidia marca pro duobus staminibus de Ypra vel Yprensibus circa ipsum acceptis Henrico iuveni de Lapide assingnatis usque in diem carnisprivii obligavimus nunc proxime affuturam, nichilominus preter octo stamina Yprensis panni supra domum nostram iam dictam circa eundem civem accepta prius, ut in litera civitatis Pragensis sibi data continetur sub huiusmodi condicionibus inter nos et dictum Jacobum adhibitis plenius et expressis, quod si dictam nostrum domum a prefato nostro cive predicta pecunie quantitate non exsolverimus in termino ut diximus antedicto. extunc idem civis prememoratam pecuniam super domum nostram premissam recipiat in Judea, hoc eciam cauto g) adiecto, quod si sepedictam domum nostram a Judeis tam in capitali pecunia quam eciam censura infra decem septimanarum spacium post dictum terminum Carnisprivii non liberaremus, extunc prenotatus Jacobus

---

a) Cod.: *de Oraconicz et.* Am Rande: *Culpam et excessum dominus relaxat . . famulis sing. . . quibusdam.* — b) Cod.: *Walshemus.* — c) Cod.: *incendi* (sic). — d) Cod.: *a temporis.* — e) Cod.: *impendirent.* — f) Super *solucione pecunie intrandi domum* (sic). — g) Cod.: caute.

¹) Ueber Bavor von Strakonitz, s. Pangerl, Urkundenbuch von Goldenkron, S. 64. Bavor — gemeint dürfte Bavor II. sein, der mit Agnes, einer natürlichen Tochter Ottokars II. vermählt war (s. Palacky, Gesch. Böhmens II, 2, 15) — erscheint in zahlreichen Urkunden dieser Zeit als Burggraf von Klingenberg 1289—1306, s. Regg. Boh. II. S. 630, 641, 694, 708, 1231, 1234.

Die Handschrift schreibt Placena; gemeint ist zweifellos Blatna; ein Bruder Bavors III. heisst davon Nicolaus de Blatna. S. darüber, wie auch über Blatna, Pangerl a. a. O. S. 56.

domum nostram supradictam vendat libere et eandem a) recipiat pro b) domo pecuniam, quam tenemur sibi exsolvere c) a iudeis integraliter et ex toto. In cuius obligacionis testimonium d) presentem literam conscribi fecimus dicto Jacobo ad cautelam, proprii nostri sigilli appensione et duorum civium Pragensium tunc temporis iuratorum videlicet Lutoldi de Turri nec non Jacobi Stuckonis dicti sigillorum munimine presentem literam petivimus communiri. Actum et datum. [1])

## 51.

*Der Richter und die Geschworenen von Chrudim verpflichten sich auf Befehl des Königs (Wenzel) dem Prager Bürger Matthäus von Eger 50 Mark Silber am nächsten Michaelistag zu bezahlen. Prag.*

Nos iudex, iurati de Grudin ad mandatum serenissimi domini nostri regis Bohemie dare et exsolvere promittimus huius scripti testimonio honesto viro Matheo de Egra civi Pragensi quinquaginta marcas argenti in festo sancti Michahelis proxime nunc venturo. Quod si non fecerimus, extunc immediate post terminum quatuor iurati dicte civitatis nostre, quicunque pro tempore fuerint, civitatem Pragensem nomine obstagii intrabunt ab eadem nullatenus recessuri, donec predicto Matheo, uxori aut heredibus suis de prescripta pecunia et de dampno, quod si ex dilacione solu | ciouis receperit apud christianos vel iudeos ex parte civitatis nostre predicte fuerit integraliter satisfactum. In cuius rei testimonium presentes literas conscribi fecimus et sigilli civitatis nostre munimine communiri. Actum et datum Prage.

Fol. 71 b

## 52.

*Heinrich der Richter, Konrad von Regensburg und Matthäus von Eger, Geschworene von Prag, bestätigen, dass der Prager Bürger Ebram in ihrer Gegenwart sein Haus dem Matthäus von Eger und Konrad für 22, dem Nicolaus vom Thurm für 1 Mark, dem Tuto von Eger für 33 und dem Albrecht für ein halb Viertel verpfändet und sich verpflichtet hat, es an den nächsten Pfingsten auszulösen.*

Nos H. index, Conradus de Ratispona, Matheus de Egra etc. iurati civitatis Pragensis recognoscimus tenore presencium, protestantes, quod Eberamus civis Pragensis in nostra constitutus presencia obligavit domum suam, quam inhabitat, discretis viris Matheo de Egra et Conrado civibus Pragensibus in viginti duabus marcis puri argenti. Nycolao e) de Turri civi Pragensi in quatuor marcis puri argenti, item Tutoni civi de Egra in triginta tribus marcis argenti et Alberto (in) medio fertone eisdem civibus exsolvendis in festo Pentecostes proxime nunc venturo. Quod si non fecerit, extunc dicti cives plenam habeant facultatem. super domum dicti Ebrami pannos f) emendi et eosdem pannos vendendi sub huiusmodi empcionis et vendicionis cautela, quod si in quocunque termino solucionis dictorum pannorum, quem dicti cives apud aliquem creditorem poterunt obtinere dictis civibus apud eundem creditorem, ipse Ebramus tam de capitali pecunia quam de dampno non satisfaceret, extunc dicti cives plenam

---

a) Cod.: *et eandemque*. — b) Cod.: *fehlt* — c) Cod.: *exsolvens se*. — d) Cod.: *in testimonium*. — e) Cod.: *Nicolay*. f) Cod.: *pannicos*.

[1]) Ein Pernoldus civ. Prag. wird im Formelbuch des Zdenko von Trebitsch genannt. S. Regg Boh II, 1028. Lutoldus de Turri ist als Bürger und Geschworner in Prag von 1287—96 nachzuweisen. S. Regg. Boh. II, 613, 675, 736, 1231. S. auch unten Nr. 73. Ebenso Jacob Stucko 1296—1304. S. Regg. Boh. II, 853, 865, 1210, 1231

habeant facultatem dictam domum vendendi sub huiusmodi vendicionis cautela, ut eisdem civibus ex vendicione eiusdem domus tam de prescripta pecunia quam de dampno satisfaciat integraliter et complete. Propterea cuicunque dicti cives presens scriptum duxerint committendum, ille plenam habeat facultatem in dicto termino prescriptam pecuniam requirendi et accipiendi nomine dictorum civium sub singulis condicionibus superius prenotatis. In cuius rei testimonium presentes conscribi fecimus (literas) sigillis civitatis nostre munimine communitas. Actum etc.[1])

### 53.

*Der Richter und die geschworenen Bürger von Prag danken denen von Wien für die von diesen angewendete Mühe zur Wiedererlangung ihrer Güter.*

Prudentibus a) viris et honestis iudici et consulibus in Wyen. H. iudex et iurati cives de Praga paratum et sincerum ad eorum beneplacita famulatum. Quia vestre prudencie | et honestatis exigencia ad retractandam bonorum occupacionem diligentem adhibuistis sollicitudinem b) et diligenciam operosam, vestre providencie graciarum acciones referimus multiplices, petentes vestram industriam omni precum studio et affectu, quatenus ea, que ad nostram promocionem de dictis bonis laudabiliter incepistis, ad execucionis laudande velitis sive laudabilis perducere complementum, ut vestra prudencia digne laudis precia preconio adtollatur et nos omni tempore ad fructuosa vobis obligemur obsequia in casu simili vel maiori.

Fol. 71 c

### 54.

*Der Richter und die geschworenen Bürger von Prag melden denen von Wien, dass ein gewisser Henslinus unter ihnen weile, der für eine ihm zuerkannte Strafe sich an den Prager Bürgern rächen wolle. Da ihm die Strafe mit Recht zuerkannt worden, so mögen sie ihm bedeuten, dass er nichts Uibles gegen die Prager Bürger vornehme.*

Prudentibus — famulatum. c) Intelleximus veritatis experiencia edocente, quod quidam famulus Henslinus nomine apud vos maneat, qui inferre malum racione vulnerum quorundam sibi illatorum nostris civibus machinatur. Cum illacio huiusmodi vulnerum deducta fuerit ad bonum pacis et concordie unionem, vestre prudencie industriam duximus presentibus instantissime exorandam, quatenus predicto Henslino vestra precipiat prudencia, ne quid contra iuris formam in gravamen et preiudicium nostrorum civium attemplare debeat aliqualiter et presumat, ut consimilibus vel maioribus nos vestris possimus beneplacitis conformare.

### 55.

*Der Richter und die Geschworenen Bürger von Prag danken dem Herrn von Landenberg, Marschall von Österreich, für seine Mühe um die Herbeischaffung gewisser ihnen gehöriger Güter und bitten ihn, die Angelegenheit einem glücklichen Ende zuzuführen.*

Nobili viro domino de Landberch marschalco Austrie H. iudex et iurati cives de Praga paratum et sincerum ad eius beneplacita famulatum. Quia iuxta vestre nobilitatis exigenciam ad

---

a) Am Rande: *Cives aliis civibus regraciantur ... cis.* — b) Cod.: *sollicitudine.* — c) Wie oben Nr. 53.
[1]) Nicolaus de Turri (seu Wolflini), s. Regg. Boh. II. 975.

revocandam et retractandam bonorum nostrorum occupacionem diligentem exhibuistis sollicitudinem operosam, vestre nobilitati a) graciarum acciones referimus multiplices, petentes vestram nobilitatem diligencia qua possumus ampliori, quatenus (ea) b) que ad rehabicionem dictorum bonorum laudabiliter incepistis fine laudabili ad efficacis execucionis dignemini perducere complementum, ut vestre nobilitatis generositati ad perpetua | exinde obligamur in conspectu domini nostri regis cum condignis graciarum accionis laudum preconiis vestri nominis gloriam attolamur.¹)    Fol. 72 d

### 56.

*Der Richter und die Geschworenen von Prag bitten wiederholt Leutold von Kuenring, den Prager Bürgern Peter und Conrad, welchen letzterer ein Diener seines (Leutolds) Freundes Benesch von Wartenberg sei, zu der ihnen in seiner Stadt abgenommenen Weinladung, ihrem einzigen Besitz, zu verhelfen. 1295—1296.*

Nobili viro domino L. de Chunrungen II. iudex et inrati de Praga paratum et sincerum ad ipsius beneplacita famulatum. Sicut priori vice vobis preces nostras duximus porrigendas, sic iterato vestre nobilitatis (excellenciam) c) duximus instantissime exorandam, quatenus divine remuneracionis intuitu Petro filio d) Jacobi Cubronis et Conrado sororio suo, qui specialis servitor domini Benethi de Bartenberch amici vestri esse dinoscitur, exhibitoribus presencium civibus nostris, de vino eis in civitate vestra ablato graciam satisfaccionis facere dignemini, sicut ipsis promisistis clemencia vobis de innata e), scientes certo cercius, quod exinde a deo anime vestre salutem anime vestre et premium habebitis et consequemini f) sempiternum. Nam scire dignetur vestre nobilitatis excellencia, quod dicti cives nostri ex perdicione dicti vini cum aliud nihil habuerint, ad tantam devenerunt inopiam g), ut vix eorum valeant tegere paupertatem et ideo cum eisdem civibus misericorditer facere dignemini propter deum.²)

### 57.

*Heinrich der Richter und die geschworenen Bürger von Prag bekennen, dass die Bürger Petrus und Konrad wegen des ihnen in der Stadt Leutolds von Kuenring abgenommenen Weines*

---

a) Cod.: *voluntati*. — b) fehlt. — c) Cod.: fehlt. Ergänzt nach dem unten folgenden Text.    d) Cod.: *filia*. — e) Cod.: *inata*. — f) Cod.: *consequimini*. — g) Cod.: *et opium*.

¹) Es dürfte wohl den Nr. 56 berührten Sachverhalt betreffen. Hermann von Laudenberg ist der bekannte Marschall von Österreich, dessen der österreichische Reimchronist so häufig gedenkt:

        Von Laudenberc marschalc Herman
        den wolt er hie nieden ban .. V. 66791.

Zur Sache s. Huber, Gesch. Österr. II, 49. — ²) Der nobilis vir ist Leutold I. von Kuenring, wie er auch in dem folgenden Stück richtiger genannt wird: Lud. de Chunrungen. Die Wegnahme des Weines durfte in der Zeit der Unruhen in Österreich 1295—96 erfolgt sein. Bei seiner Anwesenheit in Prag (April 1296) durfte er das Versprechen der Genugthuung gegeben haben. Die civitas vestra wird wohl Weitra sein. Zu dem Ganzen vergl. Friess, Die Herren von Kuenring. S. 118 ff. Benesch von Wartenberg ist „pincerna et camerarius regni Bohemie", s. Emler, Regg. 560, 569, 570, 630, 632, 662. Jacobus Cubco civis Pragensis wird in einer Urkunde vom 2. Juni 1296 als Besitzer eines Hauses „in foro" erwähnt; s. Emler, Regg. Boh. 737.

weiterhin keine Forderung mehr stellen und dem Kuenringer und seinen Leuten die gebührende Achtung erweisen werden.

Nos II. *a)* iudex et iurati cives civitatis Pragensis notum fieri volumus universis tenorem presencium inspecturis, quod nos pro Petro filio Jacobi Cubconis, Conrado sororio suo *et pro aliis amicis eorum quicunque fuerint* civibus Pragensibus fideiussoribus obligati *b)*, tenore presentis scripti promittentes, ut dicti Petrus, Conradus et alii eorum amici pro vino eis in civitate nobilis viri domini Lud. de Chunringen ablato nullam de cetero accionem seu questionem habere debeant vel movere. Promittimus eciam, ut predicti cives et nos una cum eis dictum dominum Luth. honorare, universos homines suos in omni loco promovere debeant in suis negociis et agendis. In cuius rei | testimonium presentes literas conscribi fecimus sigilli civitatis nostre munimine a tergo munitas. Datum Prage.

Fol. 72 a

58.

*Der Pfarrer T. von Kulm fordert alle Pfarrer der Nachbarschaft auf, am Freitag in Procession mit ihren Gemeinden nach Kulm zu wallfahrten, um den Segen des Himmels zu erflehen, damit in jetziger Zeit der Ernte die fortwährenden Regengüsse und Ueberschwemmungen aufhören und keine Hungersnoth entstehe.*

Honorabilibus viris et discretis suis amicis in Christo karissimis dominis plebanis vel eorum vicariis prope Culmen constitutis, ad quos presens scriptum pervenerit T. plebanus civitatis predicte se paratum et benivolum in serviciis quibuscunque et suarum oracionum incrementum. Quemadmodum peccata malorum sepe impediunt iustos, ita revera piis ac devotis bonorum operibus impiorum maliciam credimus sublevari. Cum itaque peccatis nostris exigentibus pluviarum inundancia et aeris temperies plurimum ubique segeti *d)*, que iam dudum maturuit, evidenter nocuerit et messoribus communiter et agricolis obsteterit laborantibus, pium ac devotum censebitur. ut obstemus in principio, quia ira dei placanda est. ne si quod absit per longas moras convaluerit, cunctis terre animantibus prope in imminenti *e)* deficiant nutrimenta. Qua propter vestram in domino karitatem et devocionem sane ammoneo et exhortor, ut singuli vestrum cum suis plebezanis feria sexta cum processione hominum et pia devocione ad nos in Culmen veniatis. ut ille dignanter nos suos nutriat, qui dat escam omni carni, et ut eius pro serenitate aeris, qui miseretur omnium devocius misericordiam imploremus.

59.

*Ein gewisser Al., im Begriffe zu heirathen, verschreibt seiner Braut ein Haus mit Weingärten.*

Evanescunt simul cum tempore que geruntur in tempore, nisi recipiant a voce testium aut scripti memoria firmamentum. Notum ergo sit omnibus, ad quos presens scriptum devenerit. quod ego Al. *de tali loco* in uxorem accipiens *talis viri* filiam domum meam *in tali loco* sitam cum vineis eidem virgini in dotalicium assignavi. Verum ut *f)* nequaquam possit improbitas infirmare hoc factum, testes exhibui viros ydoneos et discretos, quorum nomina sunt subarata A. B. Ut autem | res ista esset stabilis et semper integra, presentem paginam habere volui, sicut oportet sigillo episcopi nostri sigillatam.

Fol. 72 a

---

*a)* Am Rande: *cives nobili obligando se.* — *b)* Cod.: *obligari.* — *c)* Am Rande: *dominus plebanus aliis plebanis.* — *d)* Cod.: *utrique sequenti.* — *e)* Cod.: *populi imminente.* — *f)* Cod.: fehlt.

60.

*Der Gerber Konrad, im Begriffe, eine Wallfahrt nach Rom anzutreten, verfügt über sein Vermögen. Es fällt an seinen Sohn (?) Reinlinus, falls dieser seinen Lebenswandel bessert, sonst erhält er zwei Mark, einen Mantel und ein Kleid, und der Rest fällt frommen Zwecken zu.*

Nos Conradus de Ruczano, Billungus, iurati civitatis Pragensis, recognoscimus tenore presencium, protestantes quod Conradus pellifex civis Pragensis in nostra constitus presencia intendens ad beatorum apostolorum Petri et Pauli limina proficisci, advertens quod peregrinantibus sunt exitus dubii et processus, sub ordinacione testamenti commisit domum suam sitam in platea calcariorum a) discreto viro H. de Curim civi Pragensi sub hac commissionis forma: Si predictus Conradus in itinere peregrinacionis, quod absit, mori contingit, extunc dicta domus ad Reynlinum predicti Conradi (filium) b), si a via erronea ad honestatis viam redire voluerit et super hac cautionem prestiterit sufficientem, per presentacionem dicti Henrici libere et licite devolvatur. Si autem dictus Reindlinus declinare a via dissoluta noluerit, extunc dictus Heinricus predictam domum vendet et ex vendicione dicte domus dabit dicto Reynlino duas marcas argenti, pallium et tunicam. Residuam partem pecunie, pro qua vendita fuerit domus, pro salute et remedio animarum predicti Conradi et uxoris sue ad pia loca distribuit et fideliter predictis Henricus iuxta suam e) exigenciam ministrabit. In cuius rei testimonium presens scriptum nostrorum sigillorum munimine iussimus communiri.¹)

61.

*Der Richter und die Geschworenen von Prag geben bekannt, dass der Vergleich zwischen Nicolaus, dem Sohne des Heinrich Lang, und anderen Prager Bürgern und den Bürgern von Hog noch nicht hergestellt ist und das Nicolaus Vollmachten hat, auch in ihrem Namen einen Vergleich abzuschliessen.*

Nos Henricus index et iurati cives civitatis Pragensis notum fieri volumus universis tenorem d) presencium inspecturis, quod diligenter habentes c) inquisicionem tam apud seniores quam iuniores cives civitatis nostre, si inter Nicolaum filium quondam Henrici Longi exhibitorem presencium et alios concives nostros ex una parte et cives de Hoy(o) ex alia, causa super dampnum eisdem nostris civibus illatum esset per modum aliquem composicionis ami | cabilis terminata, veritatis experiencia a dictis nostris civibus intelleximus, quod dicta causa ad (huc) non sit vel fuerit inter dictos cives ad aliquod composicionis perducta medium vel composicionem amicabilem terminata. Sed quia intelleximus, quod quidam ex civibus nostris causam prescriptam inter dictos cives dixerunt esse sedatam penitus et sopitam, rogamus in quantum possumus, ut eisdem civibus vel quicunque fuerint super relacionem reformacionis dicte cause nulla fides debeat aliqualiter exhiberi. Preterea quidquid dictus Nicolaus in prelibata causa ordinaverit quod hincinde ad bonum pacis et concordie videatur expedire, hoc quod cedet de nostro beneplacito voluntatis,

Fol. 72 c

---

a) Die Handschrift hat hier: *in platea et altenariorum* (oder *alcenariorum*), was gewiss verderbt ist. Es liegt nahe an *platea calccariorum* = Schustergasse zu denken, weshalb ich es oben in den Text gesetzt habe. — b) *filium* fehlt. — c) Cod.: *suam*. — d) Cod.: *tenore*. — e) Cod.: *habentes*.

¹) Konrad von Riczano (Ryczano oder Ruczano), s. Regg. Boh. II., 736, 812, 906, 1207. Billungus (de Novo Foro) ebenda 812, 906, 1207. Ein Heinricus de Curim erscheint 1263 unter den Leitmeritzer Bürgern: ob er dann nach Prag gezogen?, wahrscheinlich ist der oben genannte doch ein anderer.

ita tamen ut huiusmodi concordia taliter roboretur et confirmetur tam per nostros quam per dictos cives de Hoy, quod de cetero nostra et ipsorum civitas non occuparetur vel aliquod exinde senciatur dispendium et gravamen. In cuius rei testimonium presentes literas de certa sciencia nosta dicto Nicolao ad cautelam conscribi fecimus sigilli nostre civitatis communitas. Datum et cetera.¹)

62.

*Der Richter und die Geschworenen der Stadt Prag bekunden, dass die Witwe Katharina Schephler und ihr Sohn Nicolaus ihr Erbe Stoppitz an Matthäus von Eyer um 54 Mark weniger ein Viertel für 10 Stück Tuch von Ypern verpfändet haben und sich verpflichten, die Schuld bis Invocavit über ein Jahr zu zahlen.*

Nos H(einricus) iudex iurati civitatis Pragensis tenore presencium recognoscimus publice protestantes, quod domina Katerina relicta Schephleri*a)* quondam concivis nostri nec non Nicolaus filius eius in nostra constituti presencia hereditatem suam dictam Stoppicz viro discreto Matheo de Egra civi Pragensi uxori et heredibus suis in quinquaginta quatuor marcis argenti Pragensis *b)* ponderis minus fertone pro decem staminibus de Ypra, ita quod quodlibet stamen solvat quinque marcas argenti et alterum dimidium fertonem racione pingnoris obligavit, promittentes eisdem predictam pecuniam solvere a prima dominica Quadragesime, qua cantatur Invocavit proxime ventura immediate post anni circulum revolutum, condicione tamen hac adhibita et expressa, quod si predicta Katerina et filius eius Nicolaus predictam pecuniam exspirante pre-
Fol. 72 d  dicti anni circulo predictis civibus non exsolverint, extunc ipsa domina Katerina | predictam hereditatem sub spacio trium septimanarum predictum terminum immediate et continue sequeucium vendere et de ipsa predictis Matheo et uxori et heredibus suis predictam pecuniam solvere tenebuntur. Quod si sub tam brevi mora temporis non fecerint seu facere non valerent, extunc predicti Matheus, uxor sua et heredes sui plenam et liberam habebunt facultatem predictam hereditatem vendendi et de ipsa recipiendi pecuniam supradictam; residuam vero, si quod fuerit, predicte domine Katerine ac filio suo reddere tenebuntur, hoc nihilominus adiecto, quod quandocunque predicta domina vel filius a data presencium usque ad terminum, quo predictam pecuniam solvere tenentur, videlicet quinque vel sex marcas vel plures habere *c)* . . . . . . . . . poterunt, has predicti Matheus uxor et heredes sui, contradiccione postposita recipere tenebuntur et ipsi in predictis debitis defalcare. In cuius rei testimonium presentes literas conscribi fecimus sigilli nostre civitatis munimine munitas. Datum etc.

63.

*Der Richter und die Geschworenen von Prag bekunden, dass Franko de Laen seinen Tuchstand an Meinhard, den Sohn der Margarethe Roezaueri, für 19 Mark verpfändet und sich verpflichtet habe, die Hälfte der Summe an Aschermittwoch, die andere Hälfte zu Ostern zu bezahlen.*

Nos H(einricus) iudex et iurati civitatis Pragensis fatemur universis tenorem presencium inspecturis, quod Franco dictus de Lacu civis *d)* Pragensis in nostra constitutus presencia obligavit *hortas* sive institas suas, in quibus pannus venditur, Meinhardo filio Margarete Rocza-

---

*a)* Cod.: *Stephleri* oder *Scephleri*; in letzterem Falle also Scheffler, s. Nr. 65. — *b)* Cod.: *Pragensi*. — *c)* Eine Lücke von einer halben Zeile. — *d)* Cod.: *cives*.

¹) Dieser Streit ist ein alter. Schon der Richter Frowein und Heinrich Lang selbst waren darin thätig. Worum es sich handelte, wird aus der Urkunde vom 25. November 1282 (Emler, Regg. II, 555) ersichtlich.

nerisse in viginti marcis puri argenti minus una marca argenti eidem Meinhardo exsolvendis sub condicionibus interius infrascriptis. Dabit enim dictus Franco et exsolvet dicto Meinhardo de prescripta summa pecunie mediam partem in Carnisprivio proxime nunc venturo. Item aliam *a)* partem mediam dabit et exsolvet eidem Meinhardo in festo Pasce inmediate postea secuturo, tenore presentis *b)* scripti promittens, quod in quocunque dictorum terminorum *c)* duorum dictam pecuniam dicto Meinhardo | non exsolverit, extunc ipse Meinhardus plenam habere poterit facultatem pannos emendi super dampnum dicti Franconis vel dictam pecuniam recipiendi in Judea ubicunque locorum sub huiusmodi donacionis vel recepcionis cautela, ut sibi tam (de) capitali pecunia quam de dampno satisfaciat integraliter et ex toto. In cuius rei testimonium presentes litteras conscribi fecimus et sigilli civitatis nostre munimine communiri. Actum et datum etc.[1])

Fol. 73 a

64.

*Der Prager Bürger Meingot, genannt von Rokyzan, verfügt letztwillig über sein Vermögen zu Gunsten seiner Gattin Christina, seiner sechs Kinder, setzt deren Vormundschaft ein und bestimmt seine sonstigen Legate.*

Nos Meingotus dictus de Rokyzano civis Pragensis in lecto egritudinis decumbens, compos tamen adhuc bene racionis mee, ne de rebus meis mobilibus et inmobilibus, si quod absit moriar, ne inter uxorem meam Cristinam et sex pueros meos possit aliqua dissensionis materia generari, in presencia duorum iuratorum Conradi de Ruczano et Hilmari Fridingeri nec non Meinhardi filii quondam Ulrici fratris mei ordinacionem de dictis bonis duxi presentibus testamenti nomine conscribendam.

In primis ordino, lego et dispono dicte uxori mee Cristine de dictis sex pueris meis hereditatem meam *in tali loco* sitam et domum meam, quam inhabito, cum earum pertinenciis nec non paratam pecuniam, que tum fuerit, sub huiusmodi condicione adhibita plenius et expressa, ut eadem uxor mea, quamdiu statum suum non permutaverit sed in viduitate permanserit, dictos pueros meos in sua procuracione habere debeat et tenere, ipsis de dicta hereditate mea necessaria ministrando. Et si de eadem hereditate dictis pueris necessaria non sufficeret forsitan ministrare, extunc de consilio dictorum civium Hilmari et Haynmanni, quos tutores meorum puerorum elegi, aliqualis pecunia de parata, quecumque fuerit, dicte uxori mee assignetur, quod eo | decencius et honestius in sua procuracione habere valeant pueros sepedictos. Si vero dicta uxor mea statum suum permutaverit, alium virum matrimoniali copula superducendo, extunc (de) *d)* dictis bonis *e)* septima pars, que ad porcionem dicte uxoris mee (pertinet), sine impedimento quolibet assignetur eidem. Si vero ipsam dictam uxorem premori contingeret, extunc porcio, que ipsam contingebat de dictis bonis, inter dictos pueros meos equaliter dividatur. Similiter si aliquis ex dictis pueris viam carnis ingressus fuerit universe, extunc porcio, que eundem contingebat puerum, inter ceteros pueros equaliter dividatur. Preterea si dicta uxor in ea puerorum procuracione se minus decenter haberet, extunc quidquid dictus Hilmarus et Meinhardus super eo ordinaverint, illud sorciatur roboris firmamentum. Preterea ordino et dispono, ut Otto frater meus cum dicta parata pecunia, quecunque fuerit, dictis pueris meis fideliter de(beat) laborare *f)*, ipsum in usus predictorum pue-

Fol. 73 b

---

*a)* Cod.: *alia* (sic) *partem meam.* — *b)* Cod.: *presentes.* — *c)* Cod.: *termino.* — *d)* fehlt. — *e)* Cod.: *bonis a qualibet laude divisus septima pars qui.* — *f)* Cod.: *fieret*; s. dagegen unten.

[1]) Franko de Locu wird in einer Urkunde vom 9. August 1301 erwähnt. S. Regg. Boh. II, 812. Ueber Meinhardus s. Nr. 61. Er ist ein Sohn des Ulricus de Rokycan, s. Regg. Boh. II, 532, 627.

rorum fideliter convertendo, et (si) a) secus faceret, ex tunc sepedicti Hiltmarus et Meinhardus alique(m) b) alium civem substituant, qui laboret pueris fideliter sepedictis.

Item, ne de debitis meis persolvendis et de testamento meo dubium aliquod oriatur, significo singulis et universis, quod primo solvere teneor fratribus de Pomok unam marcam argenti. item ad sanctum Benedictum duas marcas argenti, item Rudmanno famulo regine novem lotones, item Marsiconi sacerdoti duas marcas minus quinque quintinos Brunnensis ponderis, taliter si ipse moriatur, tunc dabitur Dyszlao in curia domini episcopi. item Petro scriptori Veneciis Veronensiis (sic), item Johanni de Ludna decem solidos grossorum, item Bachin de | Veneciis undecim grossos, item lego et dispono ad parrochiam beate virginis duas marcas argenti. Notandum est, quod apud Nycolaum Tavelrungen habeo viginti quatuor marcas, quas ordino debitoribus meis et pro sepultura mea. In cuius rei testimonium presentes literas conscribi petivi et sigilli civitatis Pragensis munimine communiri [1]).

Fol. 73 c

## 65.

*Konrad, der Sohn Kargs, verpfändet mit Zustimmung seiner Gattin sein neben dem Hause Peter Schefflers gelegenes Haus um 60 Mark, 2 Viertel, die er dem Nicolaus Gunther für Tücher schuldet und die er von St. Galli über ein Jahr zurückzahlen will.*

Nos H. scriptor et Billungus iurati cives civitatis Pragensis fatemur universis tenorem presencium inspecturis, quod Conradus filius Kargonis civis Pragensis de voluntate uxoris sue obligavit domum suam, quam inhabitat, sitam iuxta domum Petri quondam Schephleri discreto viro Nicolao Gunthero civi Pragensi in sexaginta marcas puri argenti et duos fertones pro staminibus sive pannis apud eundem Nycolaum in credencia receptis et sibi solvendis in festo sancti Galli proxime nunc venturo usque ad unius anni spacium per completum. Quod si non fecerit, extunc ipse Conradus c) dictam domum sine strepitu cuiuslibet iudicii et querele exire tenebitur atque debet difficultate qualibet non obstante. Extunc dictus Nycolaus liberam et plenam habet et habere poterit facultatem, dictam domum vendendi sub huiusmodi vendicionis cautela, ut sibi de prescripta pecunia sua ex vendicione eiusdem domus satisfaciat integraliter et ex toto. Si autem dictam domum dictus Nicolaus vendere non posset racione impedimenti alicuius sibi (per) d) predictum Chonradum vel per alium quemcunque e) obstantis, ita quod f) ex vendicione dicte domus vel eiusdem domus prescriptam pecuniam habere non possit in totali et complete, extunc, quidquid dampni ex vendicione dicte domus vel eiusdem (sic) sepedictus Nycolaus recepit tam apud iudeos ubicunque locorum quam apud christianos, de hoc sibi dictus Conradus satisfacere tenebitur atque debet difficultate qualibet non obstante. In cuius rei testimonium presentes literas conscribi | ex nostra certa sciencia fecimus et sigilli civitatis Pragensis munimine communiri. Datum anno etc.[2])

Fol. 73 d

a) fehlt. — b) Cod.: alique. — c) Cod.: Conf. — d) Cod.: fehlt. — e) Cod: cuiuscunque. — f) Cod.: itaque.

[1]) S. dazu die frühere Nummer. Zu Konrad von Ruczano s. Nr. 60, zu Hilmarus Fridinger s. Nr. 6. In dem obigen Stücke ist statt Heinmannus wohl Meinhardus zu sehen. In Pomuk befand sich ein Cistercienserkloster. Die Kirche ad sanctum Benedictum dürfte St. Georg sein. In dem Rudmannus famulus regine wird man wohl leicht einen Schwaben Rudimann erkennen, der in die Dienerschaft Guta's gehörte. Ob dieser Rudimann etwa mit dem am 21. Juni 1306 erwähnten Rudemannus civis Novae civitatis Pragensis (s. Regg. II, 1231) identisch ist, wage ich nicht zu behaupten. Zu Niklas Tafelrung, dessen in Urkunden der Jahre 1301 und 1302 erwähnt wird, s. Regg. Boh. II, 812, 1207. Die übrigen obengenannten Personen sind, wie Konrad von Ruczano und Hilmar Friedinger, schon in früheren Nummern genannt worden, oder sind sonst urkundlich nicht zu erweisen. — [2]) Petrus Scheffler wird als civis iuratus Pragensis zum Jahre 1267 urk. genannt. S. Regg. II. S. 610. Der Heinrich Scriptor (Schreiber) findet sich mit Billung (s. oben Nr. 60) und vielen anderen der in früheren Stücken genannten Nummern, in der Urk. vom 9. Aug. 1301 (Emler II. 812).

66.

*Ein Angehöriger eines Klosters macht dem Convente eines Klosters eine Schenkung von Aekerland und einem Hain.*

Ne gestorum memoria processu temporis evanescat et pereat, discretorum virorum prudencia solet ea per literas eternare. Noscat igitur presens etas et sciat posteritas, quod ego frater *de tali loco* concessi conventui *talis cenobii*, quod in terra mea fundaret ecclesiam et illis adiacentem terram a) condonavi cum nemore profecturam b) perpetuo eorum usui, quod eidem ecclesie deservirent.

67.

*Heinrich, Abt des polnischen Cistercienserklosters Oliva, meldet einen in seinem Kloster vorgekommenen Diebstahl von Geld, Kelchen etc. und ersucht, ihn bei der Ausforschung und Bestrafung der Diebe behilflich zu sein.*[1])

*Arenga einer kgl. Urkunde.*

68.

Nichil est quod magis doceat regie supereminencia(m) maiestatis, nichil quidem illam magis decorat, quam ut recta iudicii linea, universaliter singula et singulariter singula, debeant exequari et sic gentes sue dicioni subiecte sub alarum suarum remigio mollia peragant ocia et secura dormiant in quiete.

69.

*Der Burggraf Burkhard von Magdeburg bekennt, von dem Juden Muschlinus von Prag 20 Mark Silber geliehen zu haben und verspricht, sie am Fastensonntag Invocavit (März 3) zurückzustellen. 1297 Jänner 6.*

Nos Burchardus de Meydburch purchravius, regni Bohemie camerarius, notum fore volumus universis presens scriptum intuentibus, quod Muschlinus a) iudeus de Praga ad nostram peticionem nobis viginti marcas puri argenti Pragensis ponderis prestitit et mutuavit benivole et gratanter. Quas eidem Muschlino in dominica proxima Quadragesime nunc venientis, qua cantatur *Invocavit*, me sincera fide et omni occasione postposita sub meo rato pondere et valore integraliter promittimus persolvendas. In cuius rei testimonium presentes litteras nostri sigilli munimine iussimus roborari. Anno domini 1297 die dominico quasi festo Epyphanie domini.[2])

a) Cod.: *terram terra.* — b) Cod.: *perfecturam.* — c) Cod.: *Muchlinus.*

[1]) Da das Stück ausser den obengenannten keinen Namen enthält, überdies von Fehlern förmlich wimmelt, so wurde von einer vollständigen Wiedergabe des Textes Umgang genommen. Die wichtigste Stelle daraus lautet: Ecce nescio quo ausu temerario rem preparant illicitam filii iniquitatis, .... fasciculum auri trium marcarum et tredecim marcarum in pondere puri et examinati argenti .... ministerio vasa deputata, consecratos calices sex in numero accipiuntur. Clam discedunt. — [2]) Des Muslinus (Muchlinus und Muschlinus) iudeus wird auch sonst gedacht, s. Emler, Regg. Boh. 1207. Dort wird seiner (am 10. August 1302) als eines Verstorbenen gedacht. Der obige Name ist somit nicht erfunden. Dass die Urkunde als solche wirklich ausgestellt wurde, wird aus der Datierung ersichtlich, denn im Jahre 1297 fällt das Fest der Erscheinung des Herrn thatsächlich auf einen Sonntag, wie oben bemerkt ist.

70.

*Der Protonotar von Böhmen und Propst zu Brünn Peter, der Burggraf Burkhard von Magdeburg, Kämmerer von Böhmen, und Hermann von Duba bekunden, an Eberlin de Lapide und Nicolaus de Turri Namens des Königs Wenzel 1000 Mark (400 und 600) zu schulden und diese Summe an Martini zu bezahlen. Troppau 1296 (?).*

Nos Petrus prepositus Brunnensis, prothonotarius regni Bohemie, Burchardus de Meydburch purchravius, dicti regni camerarius, et Hermannus de Duba notum facimus universis tenorem presencium inspecturis, quod honestis viris videlicet Eberlino de Lapide et Nicolao de Turri urburariis per Bohemiam congregata manu quadringentas et sexingentas (sic) marcas argenti puri absque omni dolo pro serenissimo domino nostro W(enceslao) inclito rege Bohemie dare et exsolvere promittimus in festo sancti Martini proxime nunc venturo, tali condi-
Fol. 74 b cionis articulo inter | septo, quod si urbura a prefatis urburariis infra hinc et predictum festum beati Martini per iam dicti domini nostri regis mandatum aliena fuerit recepta, extunc civitatem Pragensem nomine obstagii immediate post antedictum festum intrare promittimus et debemus, non exituri de eadem, nisi prius memoratis urburariis *a*) de prescripta pecunia fuerit integraliter satisfactum. Nichilominus adicimus, si predicti urburarii in prefixo termino beati Martini exonerati *b*) sive depositi non fuerint de urbura prenotata, extunc de premissa porreccione *c*) et solucione prelibate pecunie ex toto liberi esse volumus et soluti. In cuius rei testimonium presentes litteras conscribi fecimus sigillorum nostrorum munimine communitas. Actum et datum Oppavie anno domini etc.[1]

71.

*Der oberste Marschall Böhmens, Tobias von Bechyn, Odolenus von Egerberg und Fridericus de Schonberch versprechen für Bohuslaus und Heinrich von Wyra 300 Mark, je 150 zu Michaelis und an Laetare, an Ulrich Blaser zu bezahlen.*

Nos Thobias de Bechin summus marschalcus (regni) *d*) Bohemie, Odolenus de Egerberch et Fridericus de Schouberch fide data absque omni dolo in solidum promittimus strenuuis viris domino Bohuslaho et domino Henrico dictis de Byra trecentas marcas puri argenti *c*) Pragensis ponderis, quod infrascriptis terminis: videlicet in festo beati Michahelis proxime futuro *f*) centum et quinquaginta marcas argenti et in dominica Quadragesime, qua cantatur *Letare*, proxime secutura, centum et quinquaginta marcas eiusdem argenti Ulrico dicto Plozero civi Pragensi sub nomine iam dictorum fratrum de Byra absque contradiccione aliqua persolvendas, *g*) hoc expresso et in promissum deducto, cum in spacio primo vel secundo memoratorum prefixorum terminorum specificata *h*) huiusmodi argenti pecunia prelibato Ulrico Plozero loco et vice sepedictorum fratrum de Wyra, quod absit, non daremus integraliter et complete, extunc Pragensem intrare civitatem spontanea voluntate quasi primo die ipsorum terminorum elapso

---

*a*) Cod.: *urbariis*. — *b*) Cod.: *exhonorati*. — *c*) Cod.: *porrecta*. — *d*) fehlt. — *e*) Cod.: *puri argenti ponderis argenti Pragensis*. — *f*) Cod.: *futuro et*. — *g*) Cod.: *persolvendis*. — *h*) Cod.: *specificatura*.

[1] Über Petrus s. oben Nr. 36. In Troppau urkundet Wenzel am 23. März 1291 (s. Regg. Boh. II, 663). Der Geldbedarf Wenzels in jener Zeit wäre sehr begreiflich. S. hierüber Fiedler, Böhmens Herrschaft in Polen im XIV. Bd. des Arch. f. öst. Gesch. S. 7 ff. (des S. A.), dennoch gehört dies Stück nach dem, was oben Nr. 36 ausgeführt ist, nicht zu 1291, sondern zu 1296. Statt Hermannus dürfte oben wohl Heinmannus zu lesen sein. Henico de Duba ist im Jahre 1291 summus camerarius regni Bohemiae, s. Regg. Boh. II, 1195. Über seine Beziehungen zu Wenzel II. berichtet das 74. Cap. der Königsaaler Chronik S. 168. S. 210: vir potens verbo et opere dolosus. Über Nicolaus de Turri s. Nr. 52, über Eberlinus de Lapide Nr. 19.

volumus et vovemus a), ymmo ab eadem nunquam exituri, donec sepe fatis b) fratribus de Wyra iuxta eundem Ulricum Plozerum mediante nostra donacione seu solucione prelibate trecente marce suis terminis premissis ex toto compleantur pariter et donentur. Preterea in maioris | evi- Fol. 74 c denciam certitudinis adicimus, ut quicumque nostrum ipsarum trecentarum marcarum de debito c) negligens fuerit in solvendo, hoc tam ab uno quam ab alio semota diminucione et recusacione omnimoda effectuosius compleatur. In cuius rei testimonium presentes literas nostrorum trium sigillorum munimine sive compensione iussismus communiri. Actum et datum Prage anno domini etc.¹)

## 72.

*Bruder Simon der Meister und das Capitel des hl. Geistspitals der Brüder de Saxis in Littau bitten den König Wenzel, dieses von seinem Vater, dem König Ottokar, (1267) gegründete Hospital mit seiner Gnade beglücken zu wollen.*

Excellentissimo et magnifico principi domino Wenceslao regi Bohemie illustri domino d) eorum benefactori precipuo e) frater Symon humilis magister et capitulum sancti Spiritus in Saxis de urbe, servientes vestri devoti, recommendacionem tam debitam quam devotam. Placuit regie magnificencie ob reverenciam f) dei omnipotentis *et pro g) remissione peccatorum* clare memorie quondam domini patris vestri in regno vestro h) propriis bonis regium ospitale de Lutovia i) ad opus infirmorum et pauperum facere edificari, et gerens de nobis fiduciam pleniorem regia celsitudo illud graciose nostro hospitali immo vestro devotissimo concessit k). Quod quo regie serenitati assurgimus, in quantum possumus, ad graciarum uberes l) acciones rogantes altissimum, ut ipse pro sui misericordia m) anime incliti patris vestri propter hoc condignam retribucionem misericorditer impendat et vos in excellencia regia de bono melius conservare dignaretur, magnificencie insuper (vestre) n) precibus quibus possum(us) humiliter supplicantes, quatenus sicut regia celsitudo laudabiliter dictum hospitale ad opus infirmorum pauperum fabricavit, sic laudabilis ipsum vestra magnitudo et excellencia dotare augmentare et manu o) tenere dignetur, ut preceptor et fratres p) nostri in dicto hospitali morantes fulti vestra potencia et adiutorio laudabiliter valeant in decus domino famulari et Christo pauperibus in dicto hospitali degentibus largiflue et abundanter ut in regio hospitali necessaria q) ministrare et exinde regis regum retribucionem, cuius nutu omnia concluduntur, regia excellencia possit merito promereri, (et) valeat vestra | regia magnitudo per tempora longiora. Datum Brun(ae) r).²)   Fol. 74 d

---

a) Cod.: *fovemus.* — b) Cod.: *satis.* — c) Cod.: *dedito.* — d) Cod.: *dominus.* — e) Cod.: *precipue.* — f) Cod.: *ob reverencia.* — g) Cod.: *per.* — h) Cod.: *nostro.* — i) Cod.: *de Lutonis.* — k) Cod.: *concessistis.* — l) Cod.: *verteres.* — m) Cod.: *misericordiam.* — n) fehlt. — o) Cod.: *munum.* — p) Cod.: *fundatores.* — q) Cod.: *necessario.* — r) Cod.: *Bom.*

¹) Ulrich Blaser, Plaser auch Ploser erscheint in Urkk. vom 14. Sept. 1281 (Regg. Boh. 573) und 22. Nov. 1288 (Regg. 627), Dobuslaw de Wira zum Jahre 1289 (März 3) und Heinrich von Wira zum Jahre 1288 (Regg. Boh. 1008); bei Friedrich von Schonberch ist es zweifelhaft, ob der ältere oder der jüngere gemeint ist. — ²) Im Jahre 1267 hatte König Ottokar das Hospital des hl. Geistes der Brüder de Sassia in Littau erbauen lassen (u. Emler, Regg. Boh. II, 991); dasselbe war noch in demselben Jahr durch Ludens die Wtwe Ludkus von Neustadt begabt worden (s. ebenda S. 224). In seinem sehr unverlässlichen und viele Schwindeleien enthaltenden Reisebericht (bei d'Elvert, Hist. Literaturgesch. v. Mähren, S. 19) spricht Boczek von Urkk. u. Akten des unbekannten Hospitals des hl. Geistes von Sassia zu Littau seit 1265 (sic). Der Ausdruck pro remissione peccatorum ist wohl unpassender Weise aus einer zweiten Vergabung für dieses Hospital genommen. S. Emler l. c. Nr. 583.

## 73.

Richter und Geschworene von Prag bringen dem vornehmen Herrn P(urkhard von Magdeburg) zur Kenntnis, dass über den zwischen Elisabeth de Turri und ihrem Schwiegervater Lutold um die Mitgift entstandenen Streit dahin entschieden wurde, dass auf ihren Theil 50 Mark entfallen, die sie erhalten hat. Sie sei anzuweisen, von ihrem nunmehr wegen dieser Theilung beabsichtigten Streit gegen den Mitbürger Albrecht abzulassen.

Nobili viro domino P. etc. Franciscus iudex, iurati, ceterique cives de Praga paratum et sincerum ad eius beneplacita famulatum. Ad vestram presentibus *a)* deducimus noticiam, quod inter Lutoldum de Turri concivem nostrum et dominam Elizabeth quondam nurum suam, quam Gotfridus filius eiusdem Lutoldi duxerat in uxorem, super universis rebus, quas idem Gotfridus et dicta domina Elizabeth simul nomine dotis contraxerant, coram honestis viris tunc iuratis existentibus et aliis viris fidedignis, videlicet Alberto filio Meinhardi, Jacobo filio Frenzlini, Buslao de Curim, Courado Pulcro scriptore civibus Pragensibus nec non coram Henrico iudice *b)* et Ratimiro civibus de Praga talis ordinacio facta esse dinoscitur, quod dicta domina Elizabeth quoad porcionem suam, que ipsam nomine dotis contingebat, quinquaginta marcas argenti dinoscitur recepisse, sicut vobis fide oculata patebit in literis patentibus nostre civitatis, que nos de prescripta ordinacione clarius edocebunt. Et quia intelleximus, quod dicta domina Elizabeth super dote sibi data et recepta, ut diximus, dicto Alberto concivi nostro exhibitori presencium movere (audeat) questionis accionem, ideo vestre nobilitatis decenciam duximus presentibus affectuosius exorandam, quatenus intuitu nostri servicii dictam dominam Elizabeth dignemini mediante iusticia informare, ut a dicta *c)* cessare debeat accione et ab impedimentis aliis, quibus nostros cives involvere nititur et laborat; quod circa vestram nobilitatem promereri volumus nos ad vestre voluntatis beneplacita sincerius *d)* obligantes.[1]

## 74.

Der Burggraf Burkhard von Magdeburg bittet den Bischof Theoderich von Olmütz, den von ihm für die Pfarre Deschein präsentierten Kleriker Jacob in diese durch die Resignation des Pfarrers Albert vacant gewordene Pfarre einzusetzen.

Fol. 75 a  Reverendo in Christo patri ac domino suo karissimo Theoderico venerabili Olomucensi episcopo patri (Burchardus) *e)* de Mey(d)burch burchravius | (regni Bohemie) paratam ad queque beneplacita voluntatem. Dominum Jacobum exhibitorem presencium cognoscentes ecclesiasticis beneficiis fore dignum, ecclesiam in Deschein ad nostram collacionem spectantem de facto et de iure vacantem per resignacionem domini Alberti quondam ibidem plebani ipsi domino Jacobo pure contulimus propter deum. Paternitatem vestram presentibus *f)* duximus exorandam, quatenus antedicto Jacobo *g)* in predicta ecclesia tam spiritualium quam temporalium amministracionem conferre dignemini divine remuneracione continende *h)* nostrique respectu perpetui obsequii et amoris.[2]

*a)* Cod.: ad vestram presentibus doppelt. *b)* Cod.: iudici. *c)* Cod.: a data. *d)* Cod.: sincerius obligatos. — *e)* fehlt. Die ganze Wortstellung in der Handschrift lautet: patri burchravius ...... (Lücke) de Meyburch paratam; oben ist die Lücke ausgefüllt und die richtige Wortstellung eingeführt. — *f)* Cod.: presencia. — *g)* Cod.: antedictum Jacobum. — *h)* Cod.: domine continen.

[1] Uiber Leutbold de Turri s. oben 50. Vgl. Regg. Boh. II, 613, 675, 736, 1231. Uiber Franciscus iudex s. oben Nr. 19, Albertus Meinhardi Nr. 6, Heinricus in den Nr. 52, 53, 55, 57, 61, 62, 63, 73. Uiber Jacobus Frenzlinus s. Regg. Boh. II, 613, 637. — [2] Deschem oder Deschein. Jedenfalls ein in Mähren gelegener Ort. Zu denken ist etwa an Tyczein, s. Emler, Regg. II, 542.

St. Pauler Codex XXXII, c 261,
Fol. 75 a b.

Die erste Zeile der rechten Columne ist in der Mitte ausgebrannt. Von einem der folgenden Blätter (Fol. 80) treten dort drei Wörter '(sem)per in domino' hervor.

75.

*Der Richter Heinrich und die geschworenen Bürger von Pilsen an den Kämmerer Burggrafen Burkhard von Magdeburg: Die Bürger von Meissen (Mies?) hätten vor ihnen Recht gegen ihren Schuldner Wolfram den Diener des Burggrafen verlangt. Wolfram sei erzürnt darum gezogen. Der Burggraf möge gegen beide Theile nach seinem Ermessen verfahren.*

Nobili et preclaro viro domino eorum domino P(urchardo) de Meydburch purchravio, regni Bohemie camerario, Henricus iudex et iurati cives de Pilzna se ipsos in omni genere serviendi. Noveritis quod cives iurati de Misna se coram nobis in Pilzna pro solucione a) et satisfaccione debiti, pro quo per Wolframum famulum vestrum infestanter preordinato termino statuerunt, volentes eidem Wolframo pro dicto debito exhibere iusticie complementum, qui spernens recipere ius et iusticiam, quam sibi coram nobis secundum iuris ordinem faciebant, et a nobis in iracundia taliter b) recessit. Unde quidquid super eo vestre fuerit voluntatis, inter predictos cives et famulum vestrum predictum Wolframum de cetero faciatis.

76.

*Boleslaw. Herzog von Schlesien, Herr von Fürstenberg und Schützer des Breslauer Landes, an den Burggrafen von Magdeburg: Kunzelin, der Leibarzt des Königs Wenzel, habe ihm berichtet, man wolle ihm statt der schuldigen 77 nur 60 Mark bis Mittfasten statt Lichtmess und auch nicht in barem Gelde, sondern in Tuch, Wein und Rossen zahlen. Er ersuche, ihm das schuldige Geld um so sicherer zu zahlen, da er es selbst an Otto von Brandenburg schulde. Liegnitz 1296' Dec. 13.*

(B)ol. dei gracia dux Silesie c) ac dominus de Furstenberch tutorque terre Wratislaviensis c) nobili viro domino P. etc. cum bone voluntatis affectu successibus gaudere votivis. Referente nobis magistro Cunzcellino medico serenissimi principis domini nostri regis Bohemie didicimus, an seducti d) nescimus, vos petere, ut de sexaginta marcis puri argenti, cum tamen nobis in septuaginta septem marcis puri Polonicalis ponderis teneamini, obligari dignaremur vobis usque ad mediam Quadragesimam, si pannos vel vinum aut equos vellemus recipere pro e) eisdem solucionis | terminum prorogare, quod . . . . . . . . . f) demandasse iocose aut sub quadam specie yronie. Unde cum nobis nec vinum nec equi vel panni expediunt pro pecunia antedicta, nobilitatem vestram duximus omni precum instancia exorandam, quatenus nobis de septuaginta sex (!) marcis in festo Purificacionis satisfacere non tardetis, quia non sumus vobis vel citeriores dilaciones daturi, nisi nos apud Ot(tonem) marchionem Brande(burgensem) socerum nostrum de predicta pecunie quantitate super dominica qua cantatur *Invocavit* facere absolutos velletis, ita quod ipse vos suas per literas mitteret absolutos, cum eidem tunc solvere teneamur g), alioquin alium solucionis terminum quam diem Purificacionis sancte Marie non duximus concedendum, in quo nobis solvere promisistis nec per (p)annos nec equos vel vinum. Non sumus per illa quantitatem h) pecunie aliquatenus recepturi. Datum Lignicz in die Lucie etc.¹)  Fol. 75 b

---

a) Cod.: *perolucione* (sic). — b) *ingraucudilatiter* in cod. — c) Cod.: dux Bohemie ac dominus de Frustenberck tutorque Wiant. Wie der Schreiber ausser Stande war, seine Vorlage abzuschreiben, sieht man an diesem Fall; bei ihm heisst es *tutorque Wiant*, wo man in den ersten Buchstaben das Wrat. noch erkennt. Die Correctur wurde nach dem Cod. dipl. Sil. VII, 3, S. 234, Nr. 2418 gemacht. — d) Cod.: *seduchti*. — e) Cod.: pro. — f) Ein Stück des oberen Randes ist ausgebrannt. Daher sind 3 Worte nicht zu lesen. — g) *teneantur* im Cod. — h) Cod.: *quantitate*.

¹) Das Datum ergibt sich aus der Titulatur; es fällt demnach nicht vor 1296 s. Regg. zur schles. Gesch. 2418. Im Jahre 1296 urk. Boleslaw am 9. Dec. in Liegnitz. Dorthin und in diese Zeit wird zweifellos die Ausstellung des Briefes fallen.

## 77.

*Der Erzbischof Burkhard von Magdeburg an den Oberstkämmerer von Böhmen Burggrafen Burkhard: auf sein jüngstes Schreiben von Martini verflossenen Jahres habe er keine Antwort erhalten. Die 174 Mark, die man seinem Gefolge auf der Hinreise zur böhmischen Krönung abgenommen, seien ihm bisher ebensowenig ersetzt worden, wie die Kosten der Krönungsfahrt, trotzdem ihm beides zugesagt wurde. Bitte um Nachrichten über neuere Vorkommnisse. Mehr werde der Bote mittheilen. Magdeburg 1298 Jänner 28.*

(B)orch(ardus) dei gracia sancte Magdeburgensis ecclesie archiepiscopus nobili viro Borchardo purchravio de Magdeburch avunculo suo carissimo cum sincero affectu obsequiosam ad ipsius beneplacita voluntatem. Dileccioni vestre *nuper* circa festum Martini nuncium nostrum cum litteris miseramus *a*), qui ad nos adhuc non rediit *b*). Ignorantes vos huiusmodi litteras recepisse, nos itaque timentes eundem nuncium nostrum in via esse occisum, iterato *c*) vobis sub eodem tenore literas nostras duximus destinandas *d*), significantes vobis quod ab hominibus nostris, qui n u p e r, cum nos transferremus ad solempnitatem domini vestri regis Bohemie, capti fuerant, centum et quinquaginta et viginti quatuor marce pro absolucione eorundem hominum nostrorum sunt extorte. Sane cum dominus vester rex predictus, sicuti bene recolitis, erga nos viva voce tractaverat, quod homines nostros captos nobis vellet procurare restitui liberos Fol. 75 c et indempnes, et id videatur per ipsum minime *e*) esse factum, nobilitatem vestram, de qua | gerimus fiduciam omnis *f*) boni studio, deposcimus et rogamus, quatenus nostri servicii *g*) et amoris intuitu ad hoc cogitare curetis effective, prefatum dominum vestrum regem ad hoc vestris monitis inducendo, ut pecunia a nostris hominibus extorta, nullis eorum meritis exigentibus, refundatur et non minus *h*) de illatis satisfaccionem debitam assequantur. Preterea multum miramur, quod predictus dominus rex nobis nuncium suum, postquam ab ipso recessimus, non transmisit, prout a vobis separati fuimus, sicut scitis; petentes adhuc attente *ut de gravibus expensis quas fecimus circa dominum predictum regem*, honorando solempnitatem suam, quam valuimus *i*), similiter cogitare *k*) ..., prout de vobis firmiter confidimus et nobis fuerit profuturum. Scientes revera, quod si aliqua a nobis duxeritis requirenda, que pro vobis facere debeamus, ad illa facienda modis omnibus benivoli et parati volumus inveniri. Ceterum penitus, ut nobis aliqua nobis nova, que ad presens sciveritis vel vobis in futurum occurrerint, curetis per vestras literas intimare. Cetera lator. Datum in Magd(eburch) in Octava Agnetis.¹)

---

*a*) Cod.: *inseramus*. *b*) Cod.: *redit*. *c*) Cod.: *itato*. *d*) Cod.: *testinandas*. *e*) Cod.: *mie̅*. *f*) Nicht ganz sicher, da der obere Theil des Cod. stark angebrannt ist und hiedurch in den ersten Zeilen hie und da Lücken entstanden sind. *g*) Cod.: *servim* (sic). *h*) Cod.: *nomius*. *i*) Cod.: *faluimus*. *k*) Ergänge: *debeatis*.

¹) Die 'solempnitas domini vestri regis' ist Wenzels Königskrönung, die am 2. Juni 1297 unter rauschendem Gepränge und im Beisein vieler Fürsten des deutschen Reiches stattfand. Vgl. die Königsaaler Chronik Cap. 61: De 'solempnitate' coronationis gloriosi Wenceslai regis Bohemiae. Der Theilnahme des Magdeburger Kirchenfürsten gedenkt Cap. 62: a reverendo domino Gerhardo Moguntino archiepiscopo, domino Burchardo Magdeburgensi archiepiscopo ... rex Bohemiae .. est legaliter insignitus .... Am folgenden Tage begab sich die ganze grosse festliche Schaar in das Kloster Königsaal und vollzog dort die Weihe der Grundsteinlegung der neuen Kirche: Dominus igitur Burkhardus ... primarium lapidem imponit etc.... Soweit ist alles bekannt. Aus der obigen Urkunde erfährt man, dass die Begleitung des Erzbischofs auf dieser Krönungsreise in Böhmen ausgeplündert wurde und dass dem Erzbischof Ersatz der Kosten seiner Reise versprochen wurde. Zwischen den Zeilen wird man auch die politischen Unterredungen vernehmen, die bekanntlich den Sturz Adolfs von Nassau und die Erhebung Albrechts I. von Oesterreich auf den deutschen Königsthron bezweckten. Für die hohe Stellung, die der Burggraf von Magdeburg als Angehöriger einer der hervorragendsten Familien Deutschlands inne hatte, ist die Adresse mit den Worten: avunculo suo und dem folgenden Dilectioni vestre bezeichnend. Der Erzbischof von Magdeburg war ein Neffe des Burggrafen, dessen Schwester Mathilde war vermählt mit dem Grafen Siegfried von Blankenburg. Beider Sohn war der Erzbischof. S. darüber die Einleitung S. 7.

78.

*Der Herzog Bolko an seinen Schwager (den Burggrafen Burkhard?): Klagt, dass er das versprochene Geld nicht erhalten und es auch nicht in Grätz zu Michaelis hinterlegt worden sei. Er erwarte zuversichtlich die Zahlung.*

Bol. dei gracia etc. nobili viro sororio suo karissimo etc. Miramur enim (sic) vehementer, quod nobis nec pecuniam promissam pro domino rege solvistis nec residenciam pro *a*) eadem *b*) in Grecz facere curastis *c*) in festo beati Michahelis nuper *d*) preterito, prout tamen promiscratis in instrumentis vestris. Preterea dicitis quod dominus Benesius *e*) vobis terminum ad dictum festum de dicta pecunia . . . . . . *f*) habere volueritis, tunc ad manus vestras dicto Benesio in solidum fide data promittimus, quod vobis *g*) in dicto festo sine omni dilacione et pretermissione *h*) et occasione in argento puro et parato pinguoribus sufficientibus in civitate vestra *i*) Sandebuda *k*) octingente marce puri argenti et Pragensi(s) ponderis presententur, et tunc terminum habebitis sepedictum. Et super eo literas vestras sigillatas patentes nobis per latorem presencium transmittatis. Si vero ista non feceritis, tunc petimus, | ut nobis omnia promissa facta statim adimpleatis, ne nos et altera vice vos *l*) ammonere contingat. Sciatis eciam, quod ultra ista quamvis invitos, ammonere acrius oportebit de promisso nobis non adimpleto. Datum etc.[1]

79.

*Hermann, der Kaplan Wenzels II., bittet den Burggrafen von Magdeburg, die Bestätigungsurkunden betreffend die Vereinbarung zwischen dem König und Ulrich von Neuhaus ausfertigen zu lassen, Heinmann von Duba werde hiezu helfen. An die Kreuzherren von Kommotau sind 20 Mark weniger ein Viertel aus der dem König gezahlten Anlage zu entrichten.*

Nobili viro et potenti domino P. etc. compatri suo dilecto frater Hermannus incliti domini regis Bohemie capellanus cum sinceris oracionibus se et sua. Cum dominus Uricus de Nova domo super ordinacione inter ipsum et dominum regem facta litteras firmacionis per dominum meum illustrem regem Bohemie et per vos una mecum promissas nequaquam valeat obtinere et acquirere, prout scitis, unde cum predictus dominus rex sibi easdem literas (dare *m*)) teneatur, ut vos una mecum, eciam quod pariter promisimus adimplere(mus) *n*), rogo et consulo *o*) affectuose, ut ad hoc circa dominum Hainmannum de Duba, qui si solus termino *p*) volueritis, easdem literas procurare poterit, adhibere velitis operam diligentem et laborare instanter, quod

---

*a*) Dieses Stück ist wohl unter allen am schlechtesten überliefert. Es sind, wie oben durch Punkte angedeutet ist, ganze Satztheile ausgelassen worden; auch einzelne Wörter fehlen, vos und nos, vobis und nobis sind fast regelmässig vertauscht und so ist es sehr schwer, den richtigen Sinn zu treffen. Ich habe oben nur die Verbesserungen in den Text genommen, die einigermassen sicher sind. — *b*) Cod.: *per eadem*; sollte etwa an 'pro eodem' zu denken sein, dass „er für den König in Grecz keine Residenz habe einrichten lassen? Ich denke, dass eher an ein Hinterlegen des Geldes zu Grätz zu denken ist. — *c*) Cod.: *curasti*. — *d*) Cod: *morum preterito*. — *e*) Cod.: *Betie suis*. — *f*) Hier fehlt ein ganzer Theil, da das *volueritis* unmöglich zum Subjecte Benesius gestellt werden kann; etwa zu ergänzen: *destinabit, si habere volueritis*. — *g*) Cod.: *nobis*. — *h*) Cod.: *promisio*. — *i*) Cod.: *nostra*. — *k*) oder *Sandehusa*. — *l*) Cod.: *et alter vos*. — *m*) Cod.: *fehlt* = *n*) Cod.: *adimplere*. — *o*) Cod.: *consulo et*. — *p*) Wahrscheinlich statt: *solummodo*.

[1]) Dass das Stück — ich vermuthe es — an Burkhard von Magdeburg gerichtet ist, ist nicht ganz sicher. Das Wort 'sororius' flösst Bedenken ein. Es könnte auch an einen Brandenburger gedacht werden. Benesch ist wohl jener schon Nr. 56 und dann Nr. 81 genannte.

promissum domini predicti regis a) et vestrum una cum meo b) quoad easdem literas impleatur, et ego eciam circa eundem Henricum (sic), quam cito in Moravia(m) c) venerit (et) quam potero pro eodem negocio d) laborabo. Preterea rogo affectuose, ut pauperibus e) de Koumatow viginti marcas minus fertone ex expensa quam domino regi expuraverunt, quas apud cives Zacenses depurastis, velitis quantocius ordinare et quod persolvantur integraliter procurare. Alioquin oporteret me propriam pecuniam, in qua nichil tenentur ipsi pauperes, propter compassionem omnimode relaxare.[1])

80.

*Der Bürgermeister und die Bürger von Leitmeritz bitten den Burggrafen Burkhard, ihnen zur Erlangung einer von den Städten Schwabens zu zahlenden Schuld behilflich zu sein.*

Nobili et strenuo viro domino P(urchhardo) etc. Fr.... iudex, iurati ac universitas civium Lutmeriscensium et promptitudinem serviciorum suorum. Quia pie promocionis vestre nobis graciosam exhibuistis voluntate(m), vobis referimus graciarum acciones, intimantes vobis literam incliti domini nostri regis per nostros cives civitatibus Suavien(sibus) transmissam f). Qui ad
Fol. 76 a  hanc taliter responderunt, quod nobis penitus | nichil dare vellent et hoc verbum asperum g) adexpresserunt quod vellent super eo quere(re) h) inclitum dominum nostrum regem. Quare omni peticionum studio quo possumus vestram nobilitatem deprecamur, quatenus nostre civitatis destruccionem et nostram paupertatem respicere dignemini, providendo nobis per solucionem expensarum serenissimi domini nostri regis, quia omne bonum de vestra presumimus pietate; pro quo vestris serviciis fidelibus vestre dominacionis paternitati in omnibus cupimus complacere, quidquid super eo vestre benigne voluntatis fuerit, nobis in litera vestra dignemini intimare.[2])

81.

*Der Herzog Boleslaw (?) von Schlesien entschuldigt sein Nichterscheinen bei König Wenzel II. Er möge ihm den Benesch von Wartenberg schicken, um über die gemeinsamen Angelegenheiten zu verhandeln. Notiz, die Ausplünderung des Erzbischofs von Maydeburg betreffend. Bitte um Rückgabe eines Streitrosses. 1298 (?).*

Glorioso principi domino Wenceslao regi Bohemie etc. consanguineo suo karissimo Wol. dei gracia etc. cum debite voluntatis obsequio i) sincerum in omnibus complacendi affectum. Serenitatem vestram scire volumus per presentes, quod arduis nostris negociis prepediti vestram excellenciam in persona propria non potuimus visitare, quemadmodum (credere) k) potuistis domino

---

a) Cod.: regem. — b) Cod.: de meo. — c) Cod.: Moravia. — d) Cod.: negociis. — e) Wahrscheinlich: „*frutribus*" (nämlich den Kreuzherren, denen auch Bruder Hermann angehörte). — f) Cod.: *transmisisse*. — g) Cod.: *asperibus*. — h) Cod.: *quere*. — i) Cod.: *obsequia*. — k) fehlt; oder: *audire potuistis a* . . . .

[1]) Der „Bruder Hermann" spielte an Wenzels Hof eine einflussreiche Rolle. Wir wissen hievon nicht bloss aus diesen Stücken (s. auch Nr. 87 und 101), sondern auch aus den Königsaaler Geschichtsquellen, S. 94: Ipse devotum in domino fratrem Hermannum ordinis Cruciferorum de domo Theotonica sibi pro patre spirituali eligens ipsum inter cotidiane curie sue familiam preferendum ceteris deputavit . . . . . Hermann wurde am 16. April 1303 Bischof von Kulm. S. die Einleitung, wo mehr geboten ist. Ueber die Verhandlungen des Königs mit Ulrich von Neuhaus ist nichts Näheres bekannt. Ueber diesen s. Nr. 42, über Heinmann v. Duba Nr. 38, 78. — [2]) Ueber die Forderung der Leitmeritzer Bürger an schwäbische Städte ist nichts bekannt, wenn die Sache nicht vielleicht mit dem 1296 erfolgten Tode von Wenzels II. Schwager Rudolf und der Heimkehr von dessen Gattin Agnes nach Böhmen zusammenhängt, worüber Kgs. Geschq. 138.

Lud. de Magdeburch nuncio existenti a), licet eciam dileccionem vestram tam b) propter vestram utilitatem quam nostram loqui necesse haberemus, unde petimus omni instancia qua possumus et valemus, quatenus tam vestra quam nostra utilitate considerata, nobis Benessium de Barténberch dignemini destinare, cum quo omnibus aliis nunciis semotis tractabimus, que utriusque nostrum commodum respiciunt et profectum, et specialiter c) que vestram utilitatem respiciunt et honorem, que non possumus singulis d) coartare. Ceterum cum spolium factum in persona domini Lud. de Maideburch, adeo sit notorium ex affectu, ut ablata et maxime *coronam auream eisdem ablatam* restitui procuretis, cum satellites vestrorum hominum predictum spolium commiserunt. Preterea sciatis, quod Claritius vester camerarius dextrarium non restituit, quod restitui mandavistis, licet ipsum receperit a raptore.¹)

82.

*Gerhard, Erzbischof von Mainz, Erzkanzler des römischen Reiches für Germanien, ersucht den Burggrafen Burkhard von Magdeburg, sich seiner Boten an den König, Bruder Marquards und Magister Hillebrands, in ihren Geschäften bei Hof anzunehmen. 1298 (?).*

(Gerhardus) dei gracia sancte Maguntinensis sedis archiepiscopus sacri imperii per c) Germaniam archicancellarius nobili viro burchravio de Maideburch incliti principis domini Wenceslai f) | heredis regni Bohemie camerario paratam ad quovis sua beneplacita voluntatem. Juxta nostrorum relacionem nunciorum quos, ut nosci(ti)s g) nuper habuimus in Bohemia h) pro nostris et Maguntinensis ecclesie legacionibus peragendis, didicimus evidenter, quod eosdem plurimum promovistis auxilio et favore i) graciosis. Nobilitati vestre super hiis graciarum acciones multimodas referentes rogando nichilominus affectu quo possumus ampliori, quatenus fratrem Marquardum familiarem nostrum k) et magistrum l) Hillebrande notarium nostrum, quos pro terminandis negociis nostris apud magnificum principem transmisimus vicibus iteratis, curetis efficaciter, prout de vobis habundanter confidimus, promovere m), ut in hiis, que pro futuro vobis...n) voluerimus condignis vicissitudinibus, quemadmodum promptos nos offerimus, obligemur.²)

Fol. 76 b

83.

*König Wenzel II. an den Burggrafen Burkhard von Magdeburg: Er möge dem Fridlinus Baier die Rechte zuerkennen, die er (als Vormund?) gegen die Söhne seines Bruders nach den Prager Rechten und Gewohnheiten besitzt.*

(Wenceslaus) dei gracia rex Bohemie dilecto suo camerario etc. o) Meminimus tibi commisisse, ut Fridlino Bavaro civi nostro Pragensi, faceres sturusa (sic) p), que sibi detinet r)

a) Cod.: *exhistente*. — b) Cod.: *tum*. — c) Cod.: *spiritualiter*. — d) Erg.: *litteris*. — e) Cod.: *et Germaniam*. — f) Cod.: *Wenceslai*. — g) Cod.: *noscis*. — h) Cod.: *Bohemie*. — i) Cod.: *favoris*. — k) Cod.: *vestrum*. — l) Cod.: *margravi*. — m) Cod.: *quod movere*. — n) Fehlt offenbar ein Wort. — o) Der Name ist zwar nicht genannt. Man darf aber annehmen, dass das Schreiben wie das vorhergehende und die folgenden an den Burggrafen von Magdeburg gerichtet ist. — p) ita cod. — r) Cod.: *dedicinet*.

¹) Da der Schreiber W. und B. häufig vertauscht (Wira und Bira), so dürfte wohl eher an Boleslaw als an Woldemarus zu denken sein. Der Raub hängt wohl mit dem in Nr. 77 erwähnten zusammen. Ueber Claritius. s. Regg. Bohem. II, 740. Er wird dort in einer Urkunde von 25. August 1296 urburarius et monetarius per Boemiam genannt. Das Erbrichteramt, das er bis dahin in Budweis hatte, gieng nun auf seinen Sohn Nicolaus über. — ²) Man dürfte sich durch den Titel Wenzels II. verleiten lassen, dieses Stück in eine zu frühe Zeit zu setzen. Beim Regierungsantritte Gerhards führte Wenzel II. diesen Titel längst nicht mehr.

(in) filios sui fratris, iusticie complementum secundum ius et consuetudinem civitatis Pragensis. Nuper a) autem dictus Fridricus ad nostram presenciam veniens nobis exposuit, quod tu dixisses ei, te recepisse post istam commissionem nostram aliud a nobis in mandatis, ita quod causa huiusmodi supersedere deberes. Unde cum firmiter recolamus, quod nullum mandatum ad hoc contractum a nobis postmodum recepisti, volumus et mandamus tibi, ut observata consuetudine seu iure dicte civitatis Pragensis predicto Fridlino facias plenam iusticiam super eo. Datum et actum etc.¹)

### 84.

*König Wenzel II. an den Burggrafen Burkhard: Er möge den Kaufmann Fridlin Baier beauftragen, Pulchra, die Witwe seines Bruders, der Kinder wegen nicht zu behelligen. Für diese als Kinder ihres Dieners wolle die Königin selbst „als treue Mutter" die Sorge übernehmen. Zwei Vertrauensmänner — von ihrer und Fridlinus Seite — sollen entscheiden, was den Kindern zukommt. Der Bürger Jeclinus Seperwilleri ist freizulassen.*

(Wenceslaus) dei gracia rex Bohemie etc. P. camerario suo etc. Volumus et mandamus districtius, ut Fridlino institori fratri quondam Conradi institoris Bavari bone memorie nomine nostro des in mandatis, quatenus coniugem Chonradi famuli coniugis | b) nostre karissime c) . . . . . . Pulchram institricem pro pueris d) habendis de cetero aliqualiter non infestet nostre gracie sub obtentu, quia ipsis pueris inclita regina e) coniux nostra carissima favorabiliter vult consulere et auxiliari ac preesse, ut mater fidelis, de nostra licencia et favore. Volumus, ut unus ex parte dicte Pulchre f) institricis vir eligatur et alter ex parte Fridlini, coram quibus racionem fieri volumus g), quot et h) quantas res habeant idem pueri. De quorum duorum virorum consilio et industria ad utilitatem puerorum per easdem res volumus mercimonia exerceri. Insuper mandamus, ut Jeclinum filium Seperwilleri civem Pragensem ab omni impeticione nomine nostro dimittas liberum et solutum.

### 85.

*Wenzel II. an den Burggrafen Burkhard, damit er den Budweiser Bürgern Konrad, Eberlin und Fridlin, die, als sie beim Gericht erschienen, von anderen Bürgern misshandelt wurden, Recht verschaffe. Burkhard möge in eigener Person die Untersuchung vornehmen und andere Richter einsetzen; die allzulange Dauer des Geschworenenamtes tauge zu nichts.*

(Wenceslaus) dei gracia etc. dilecto camerario suo P. etc. Conradus, Eberlinus et Fridlinus cives nostri de Wudywois gravem excessum, qui est in eis commissum, nobis detulerunt, videlicet quod dum ipsi unacum amicis suis essent coram iudice eiusdem civitatis in i) iudicio constituti, quidam ex civibus ipsius civitatis in eos k) irruentes quendam l) ex eis occiderunt et quosdam graviter vulneraverunt. Unde cum talis excessus inultus non debeat pertransiri, volumus et mandamus tibi, ut statim post recepcionem presencium ad dictam civitatem Widiweiz personaliter accedas et nulli causam huiusmodi committas sed tu eam in propria persona audias et nocentes seu culpabiles de tali excessu sic punias et castiges, quod de cetero

---

a) Cod.: *Noveritis* — b) Cod.: *coniungi*. — c) Hier ist die verbrannte Stelle. Zu ergänzen der Vorname oder *dictam*. — d) Cod.: *quod prius*. — e) Cod.: *regiam*. — f) Cod.: *Pulchro*. — g) Cod.: *folumus*. — h) Cod. *in et*. — i) Cod.: *non iudicio*. — k) Cod.: *eo*. — l) Cod.: *cuidam*.

¹) Zur Sache s. die folgende Nummer.

talia facere non presumant. Ordines eciam lesis passis iniuriam super hoc satisfaccionem debitam et omnimodam. Preterea intelleximus, quod insolencie fiant in dicta civitate cum consensu iudicis ibidem et propter diuturnitatem iuratorum, quia in eadem civitate non deponuntur iurati, sicut in aliis civitatibus regni nostri iurati solent destitui et deponi. Quare mandamus tibi, ut modernos iuratos ipsius civitatis Budweiz deponas et loco eorum ponas (et) a) instituas alios ydoneos, qui non sunt de parte aliqua, sed pocius medii et | iusticie amatores. Hec autem omnia facere aliqualiter non obmittas. Datum etc. Fol. 76 d

86.

*Der Richter Heinrich und die Bürgerschaft von Neupilsen bitten den Burggrafen Burkhard, ihre an den König wegen Herstellung der Stadt gesandten Mitbürger Wolfram und Berthold in ihren Anliegen bei dem König zu unterstützen.*

Nobili viro et preclaro domino eorum camerario regni Bohemie etc. Hainricus iudex et iurati ac universitas civium in Nova Pilzna se promptos et paratos in omni genere famulandi. Cum de vestra honorificencia ac nobilitatis industria habeamus confidenciam omnis boni, sub eadem confidencia speramus, quod peticionem nostram b) debeatis misericorditer exaudire. Rogamus igitur nobilitatem vestram omni quo possumus studio et affectu, quatenus Wolframum et Pertoldum concives nostros exhibitores presencium, quos ad serenissimum dominum nostrum regem Bohemie in legacione nostra transmittamus peragenda, cum ab ipsis requisitus fueritis, dignemini promovere et quidquid idem coram prefato domino nostro pro necessitatibus nostris et pro hiis, que ad construccionem pertinent civitatis, agere vel preponere debuerint, ut in mentem deducere et ad effectum perducere possint, ad hoc vestrum prebeatis consensum, auxilium et consilium et favorem. Pro quo volumus vobis perpetuo obligari, nam multa incommoda et incongruencias horrendas frequenter patimur per predones.

87.

*Hermann, der Kaplan des Königs, wird von dem Burggrafen Burkhard von Magdeburg gebeten, den König von der Absicht, in Chotzen, wo die Mönche des neuerrichteten Klosters Königsaal Besitzungen haben, eine Burg zu errichten, abzubringen, da das Kloster ansonsten durch die Burggrafen fort und fort beunruhigt würde und diese Güter fast in eine ewige Knechtschaft kämen.*

Honesto et devoto viro compatri suo precordialissimo fratri Hermanno illustris regis c) Bohemie capellano Burchhardus de Meyd(burch) tocius amoris constanciam inconcussam. Relacione quorundam didici referente, quod serenissimus dominus meus in loco dicto Choczen, in quo quedam bona sub spe salutiferi remedii claustro in Aula regia deputavit, castrum velit erigere et fundare, immo de ipsius remedii bonis partem competentem iam dicto castro attribuit et donavit, fratribus de Aula regia auferendo, cumque ex tali talis castri edificacione per purchravios in eodem d) castro locandos bona memorati remedii timeam inquietacione continua aggravari, rogo igitur obnixius vestram sinceritatem pariter et adhortor per e) salutem corporis et anime

---

a) fehlt. — b) Cod.: vestrum. — c) Cod.: regem. — d) Cod.: eode. — e) Cod.: quo.

¹) Uiber die Stellung des Kaplans Hermann s. oben Nr. 79, unten Nr. 100. In der Dotationsurkunde für das Stift Königsaal vom 21. Mai 1304 (Regg. Bob. S. 866–868) wird von Gütern in und um Chotzen nicht gesprochen.

Fol. 77a ipsius | domini mei toto corde, quatenus ipsum dominum meum ab huiusmodi edificacione velitis retrahere, mediante vestro consilio oportuno, intuentes, si idem castrum fuerit edificatum quod eadem bona remedialia intrabunt quasi perpetuam servitutem et ita pretaxatum remedium esse non poterit salubrius et divinum. Ponatur eciam, compater diligende, si vivente domino meo prelibata bona ab omni gravamine tuerentur, tunc tamen post mortem antedicti domini mei fortassis de castri (in)habitatoribus possent inquietari iacturis pluribus et offendi [1]).

## 88.

*Hertlin, Notar des Propstes von Kremsier, bittet seinen Freund Bezchefer (sic), den Notar des Burggrafen von Magdeburg, sich seiner zu erinnern und ihm als Freund vorwärts zu helfen.*

Sincerissimo, si phas est dicere, sociorum karissimo, fratri dicto Bezchefer nobilis a) domini purchravii de Meydburch notario Hertlinus b) domini prepositi Cremesiriensi notarius devotam ad omnia tam obsequiorum quam mandatorum genera voluntatem. Jocundantur penetralia cordis c) mei super omne quod desiderari potest, quociens ampliacio valetudinis tue iocundis successibus, quemadmodum nunc (per) d) exhibitorem presencium didici meis auribus, instillatur; offero me namque ad omnia que ad incrementum honoris tui et commodi fore potuerit inductiva et precipue cum meam tetigisset audienciam, phylorcium tuum, in cuius amoris stupram exarseras, opcioni tue acquievisse e). Quantam hoc a me depulerit malancoliam, meis scriptis sufficienter nequeo deolare (sic). Ceterum relatibus plurimorum didici de honore tam multiplici (te) f) esse imbutum, quod eciam estimacionem tui domini tot inquietaciones die et nocte sustinere valeas vix vel nunquam. Cum igitur merita mea nullam confidenciam mihi prestent, ipsius tamen pietatis tue largitatisque g) ... se omnibus abundanter effundit, preces porrigo, quas valeo ampliores, quatenus mei h) perhennis servicii ob respectum, si dictus relatus veritatem coutinet et si opus fuerit, me pocius quam alium, tibi forte minus devotum, erga tuum dominum, non parem i) tibi equassem subditum k), me digneris studiosius promovere, sciens indubitanter me pro eo omnia, que de tuo comodo et honore fore potuerunt, fide et sollicitudine incessanter prosequi singulari.

## 89.

*Herzog Bolco an seinen Schwager L. (sic). Trotz des Vergleichs, der mit dem Könige Wenzel abgeschlossen worden sei, scien seine Leute von Grätzer Bürgern belästigt und ihre Habe mit Beschlag belegt worden. Es werde ihnen Entschädigung zu gewähren sein.*

Fol. 77b (B)olk(o) dei gracia etc. nobili viro l) domino L. sororio suo carissimo cum bone voluntatis affectu obtinere, quidquid gracie desiderat et honoris. Dum accidit memorie nostre amicabilis composicio m) inita inter serenissimum dominum W(enceslaum) regem Bohemie consanguineum nostrum carissimum ex una parte et nos ex altera intrare viam pacis n) super omni(bus) discordi(i)s inter nos exortis pro homicidiis, mutilacionibus, spoliis perpetratis utriusque, ammirari

---

a) Cod.: *nobili*. — b) Cod.: *Hertlini*. — c) Cod.: *corde mei*. — d) fehlt. — e) Cod.: *opcionem at tue quievisse*. — f) fehlt. — g) ergänze: *abundancia*. — h) Cod.: *meis*. — i) Cod.: *per*. — k) Cod.: *subdito*. — l) *nobili viro* nur zum Theile kenntlich. Die Worte stehen an der ausgebrannten Stelle. — m) Cod.: *amicabili composito*. — n) Cod.: statt *intrare* ein ganz unverständliches Wort *interorare*; dann *viam*, endlich p<sup>a</sup> = *persona*, was aber keinen Sinn gibt (*vestra persona ?*)

[1]) Der Propst von Kremsier ist der Protonotar Peter, der Sohn des Angelus, s. Emler a. a. O.

non sufficimus et non sine racione turbari a), nostros homines post hoc promissum cum rebus suis a civibus in Grecz arrestari seu et occupari pro quibusdam spoliis in tempore guerre factis, cum inter nos et ipsum omnis discordia sopita fuerit ac eciam terminata: ita quod b) cessare debebant dampna utrimque illata. Quare vestram dileccionem requirimus et rogamus, ut dominum regem monere dignemini, ut iuxta composicionis inter nos inite formam det suis civibus de Grecz suisque literis in mandatis, ut civibus nostris dampna resarciant universa pro dampnis ipsis illatis (et) quod c) iam amplius non (sint) nocivi d), proinde tam dominus rex quam vos nos promptos ad vestra vestrorumque obsequia invenietis perpetuo prompciores.

### 90.

*König Wenzel II. befiehlt seinem Kämmerer Burggrafen Burkhard von Magdeburg, eine Untersuchung gegen jene einzuleiten, die den Leuten des Bischofs Gregor Belästigungen zugefügt haben, dann das Recht zu untersuchen, mit welchem Rulco von Podiebrad sich gegen Nicolaus Kseller vorzugehen anmasste.*

W(enceslaus) dei gracia rex Bohemie etc. dilecto camerario suo etc. Significavit nobis venerabilis G. Pragensis episcopus princeps noster dilectus, quod quedam sint hominibus e) eius gravamina per villicos et homines nostros indebite irrogata. Unde mandamus tibi, ut gravamina ipsa revoces et causas seu controversias, que inter dictos villicos et homines nostros ex una et homines dicti episcopi ex parte altera f) sunt exorte, audias et facias tam nostris quam dicti episcopi hominibus super hiis insticie complementum. Specialiter autem causam, propter quam Rulco villicus noster Poydeb(ra)densis Nicolaum Kseller hominem g) dicti episcopi, sicut dicitur, spoliare vel punire intendit, tibi committimus et mandamus, ut ipsam causam perandias et partibus convocatis, quod iustum fuerit, facias, super eo non permittens dictum Nicolaum per ipsum Rulconem propter hoc in aliquo molestari. Datum in Chadano.¹)

91.

*Wenzel II. an den Kämmerer Burggrafen Burkhard: Er möge die Klage des Arnold von Wischau wegen einer Fleischbank in Grätz untersuchen und das Geld für den Ankauf von Bortenstein und Schaudau bis Lichtmess bereit halten.*

W(enceslaus) dei gracia etc. dilecto camerario suo P. etc. Conquestus est nobis Fol. 77 c Arnoldus civis noster de Wiczhow, quod cum ipse pridem h) macella i) in Grecz sua pecunia emerit, modernus iudex ipsius civitatis Greczensis eum expellere nititur, quod k) sibi eadem macella vendat pro minori quam valeant pecunie quantitate. Unde tibi mandamus, ut in hoc dicto Arnoldo per prefatum iudicem aliquam iniuriam fieri non permittas, sed si ipse iudex dicta macella vult emere, ea emat secundum valore(m) eorundem et iuxta taxacionem proborum virorum ad hoc electorum. Si autem dictus iudex nollet dicta macella emere secundum quod valent, extunc precipias ei, ut dictum Arnoldum non molestet ulterius in eisdem. Ceterum scias.

a) Cod.: *turbari quod.* — b) Cod.: *itaque.* — c) Cod.: *quedam* — d) Cod.: *non motivi; iam und sint* fehlt. — e) Cod.: *homines.* — f) Cod.: *alia altera.* — g) Cod.: *homines.* — h) Cod.: *predam.* — i) Cod.: *macellam.* — k) Quod zweimal.

¹) Rulco = Rudgerus; ein Iludgerus Klomminger von Podiebrad wird in einer Urk. vom 16. Oct. 1297 erwähnt; s. Regg. Boh. II, 761.

quod claustrum Bortenstain et civitatem Sandowa) ememus a domina b) marchionissa pro duobus millibus marcarum argenti et eandem pecuniam debemus sibi solvere in festo Purificacionis beate Marie virginis proxime nunc venturo. Unde volumus, ut omnia disponas, quod eandem pecuniam in dicto termino habeamus, alias si tunc non habemus eandem pecuniam pro empcione predicta, in perpetuum propter hoc nos et regnum nostrum eo peius valeremus. Datum etc.

92.

*König Wenzel II. befiehlt dem Burggrafen Burkhard von Magdeburg: er möge einem früheren Befehle entgegen Konrad de Lapide bis zur Wiederkehr des Todestages des Propstes Johann von Wischehrad (26. Aug. 1296) im Besitz des Gutes Cobolitz lassen, da er es für dies eine Jahr von denen erkauft hat, die das Gnadenjahr nach dem Propste hatten. Dann erst hat das Dorf an die Prager Canoniker zurückzufallen, Konrad sei für das Weitere an das Landrecht zu weisen. Pirn 1297 Juli 15.*

(Wenceslaus) dei gracia etc. dilecto camerario suo B. etc. Commisimus tibi prius per literas nostras, ut canonicos Pragenses induceres in possessionem ville Cobolicz et Conradum de Lapide removeres ab ipsa. Nunc autem dictus Conradus ad nostram presenciam veniens nobis exposuit, quod ipse eandem villam convenit ab illis, qui annum gracie bone memorie Johannis quondam prepositi Wissegradensis habuerunt et debet eam tenere usque ad anniversarium prepositi e) memorati. Unde si ipse Conradus convenit dictam villam ab illis, qui annum gracie dicti prepositi (habent) d), volumus, ut eam teneas usque in diem anniversarii. Volumus, quod tunc statim dicti canonici se de eadem villa | intromittant et ipse Conradus et uxor eius causam suam in terre iudicio prosequantur ac dicti canonici per ius terre eciam se defendant. Post lapsum enim dicti termini ipse Conradus et uxor eius res suas mobiles quas habent ibidem tam in agris quam in curia libere quocumque voluerint poterunt exportare. Datum in Pirn Idus Juli(i) regni nostri anno primo.[1]

Nun folgt in der Handschrift das aus Guido Faba genommene Capitel „de ornatu oracionis", worüber oben S. 18 das Nothwendige angemerkt wurde. Die nächsten 7 Stück, die jenem Capitel sich anschliessen, sind wohl nur Stilübungen; es scheint aber zur näheren Charakteristik des ganzen Formulars geboten zu sein, auch diese Nummern nicht zu übersehen und wenigstens einige im Wortlaut mitzutheilen.

93.

*Bitte an einen Freund, für ihn eine Schuld zu zahlen.*

Heu quante ruditatis nubilo humani lumen intellectus per vicium obfuscatur, dum derelicto ductu racionis genus humanum spretis virtutum fulgoribus (in) viscere e) viciorum frequencius volvatur. Nam preciosissimas sapiencie margaritas, que ad eternitatis gloriam sunt previe f) magis eligibiles g), fetore cadaveris desynentes h) concupiscencia temporalium ardencius pertorquemur. Quis enim nisi inops mentis auri spreta preciositate ac vi i) sit inutile delecturus? Cur ergo proprii vilis corporis oblectamento k) innarcescibilis felicitatis bravium refutamus, quod in nobis

---

a) Cod.: *Gaydow.* — b) Cod.: *dominis.* — c) Cod.: *preponsi.* — d) fehlt. — e) Cod.: in scene. — f) Cod.: parvie. — g) Cod.: elibi. — h) Cod.: asynantes. — i) Cod.: nac vi. — k) Cod.: oblectamenta.

[1]) Thatsächlich hält Wenzel sich in jener Zeit in Pirn auf; s. Regg. Bohemiae II, 757.

fere compertum comprobatur, cum me decem marcarum fideiussorem statuentes implementum vestri defectus a debitorum sarcina minime solvere curavistis, sed me multis oppressum indigenciis sub cissura summula eiusdem pecunie mutuari graviter oportebat. Quare vestram amiciciam, de qua non diffisus, cogor presentibus implorare, quatenus circa me moti interne compassionis pietate prefatam pecuniam mihi persolvere studeatis, ne cogor prorsus egestatis oneribus annullari.

94.

*Jemand bietet einem durch Feuersbrunst Verunglückten sein eigenes Haus zur Wohnung und einen Wagner zur Arbeit an.*

Vestris incommodis ac gravaminibus per incendium multipliciter perpessis pro merito vestre gratitudinis fideliter condolens ac compaciens debito pro viribus ut amicus vobis significo per presentes, quod pro revelacione vestrorum gravaminum, quecunque in domo mea comparata fuerint vobis necessaria, singula pro vestro beneplacito sunt exhibita plenarie et parata. Ceterum si carpentario meo, quem in arce mea a) satis habeo, ad reedificandum indigueritis, ipsum vestris obsequiis transmittam, quamdiu desideraveritis famulandum. Super quibus mihi voluntatem vestram quam tocius (sic) | . . . . . b)  Fol. 79 c

95.

*Jemand, der sein Talent ausbilden will, bittet um Rath, welchem Lehrer er sich anvertrauen soll.*

Evenire solet interdum, ut ingenium, cui non subministratur studium, omnino pereat aut vix modicum sciencie afferat per se fructum et ideo flori fructu carenti non immerito simile perhibetur. c) Cui(us) rei causa vestre significandum duxi caritati presencium per tenorem, quod ob spem maioris profectus ingeniolum mihi a deo largiore honorum omnium commodatum circa studium exerceri cupiens proposui me transferre; qua de re vobis supplico studiosis precibus et affectu, quatenus mihi velitis perscrutari de probo viro, qui vobiscum pacto et mea recepta pecunia in curam suam recipiat et expensam.

96.

*Bericht an einen Vater, dass sein Sohn, ohne Rücksicht auf seinen geistlichen Stand zu nehmen, sich einem liederlichen Lebenswandel ergeben habe.*

Incip.: Infandi rumoris . . . . Expl.: trahere mansionem.

97.

*Bitte an Jemanden, die ihm geliehene Summe Geldes sobald als möglich zurückzuzahlen.*  Fol. 79 d
Incip.: Cum honestum . . . . Expl.: promerere (sic).

98.

*Lob der Freundschaft.*
Incip.: Amicicie . . . . Expl. et honestum.

---

a) Cod.: sua. — b) Das Folgende an der ausgebrannten Stelle. — c) Cod.: prohibetur.

## 99.

*Arenga.*

Incip.: Ne gestorum memoria . . . . Expl.: | dextra principalis.

## 100.

*Der Prior der Predigermönche der polnischen Provinz theilt dem Kaplan Wenzels II. Hermann mit, warum er seinem Wunsch, Agnes von Prag in das Brünner Nonnenkloster aufzunehmen, bisher nicht entsprechen konnte. Prag . . . . . Nov. 13.*

Viro religioso et honorabili fratri Hermanno ordinis Hospitalis sancte Marie domus Teutunicorum domini regis Bohemie incliti capellano frater S. prior provincialis licet indignus fratrum ordinis Predicatorum per provinciam Polonie oraciones humiles cum obsequiose promptitudine voluntatis. Revera leticie mihi materia existet, quamcunque vestris piis peticionibus possem meis execucionibus presto esse, sed ecce, vestre peticioni, quam pro Agnete filia sororis Mecze de Praga pie porrexistis, ut recipiatur et in communitate (sic) apud sorores nostri ordinis adversatur, quod dum ultimo dictas sorores in Brunna visitassem, conqueste sunt mihi instanter, quod essent multe numero, petentes diminucionem sui, quia non posset eas dormitorium capere *a)* aut alie officine. Insuper post receptas vestras litteras, quas super hoc negocio michi scripsit vestra reverencia, asserens, sorores esse adhuc voluntarias, dummodo meus haberetur assensus, statim in crastino recepi literas ex parte conventus dictarum sororum de Brunna, in quibus petebant instantissime, ut hoc negocium memorate Agnetis differem, donec in Brunna personaliter conferam cum eisdem. Peto igitur, vestra discrecio in hoc negocio meam sufferat pronitatem, quia tucius est, quidlibet fieri bene cum matura deliberacione quam forsitan fieret perperam ex obrupto. Cum enim Brunnam venero, dabo operam diligentem, postquam perspexero sororum officinas, munera et expensas, ut eciam cum earundem sororum gravamine, dummodo bono modo possit fieri, vestre reverencie voluntas effectui manciparetur *b)*. Valete semper in domino . . . . . . (Pra)ge Id. . . . Novembris.

## 101.

*Klage, dass Jemand seine Schuld nicht bezahlt habe.*

## 102.

*Vertrauen, dass Jemand eine Bitte erfüllen werde.*

## 103.

*Der Bischof Gregorius von Prag und Johannes von Sonnenwald verpflichten sich an die Bürger von Prag Wölfel und Znaimer eine Schuld von 1000 Mark, für die sie gewisse Güter der St. Nicolauskirche verpfändet haben, an Maria Lichtmess zu bezahlen.*

Scire volumus universos presentes literas inspecturos, quod dominus G(regorius) venerabilis episcopus *talis* et dilectus fidelis noster *talis* Wolflino et Znoymero civibus Pragen-

---

*a)* Cod.: *dormitorium caperentur alie officine.* — *b)* Cod.: *mancipare.*

sibus certam ecclesiam a) sancti Nicolay residentibus (sic) pro mille marcis argenti puri, in quibus tenemur eisdem, per fidei interposicionem se totaliter obligarunt iam dudum; quia easdem marcas in festo sancti Martini proxime preterito solvere debuissent vel predictam civitatem Pragensem in eodem festo intrare ab ea nullatenus exituri, quousque sibi foret predicte summe quantitas persoluta. Cum autem prefati dominus episcopus et Johannes de Sunnenwalt pecuniam supradictam dare | non pot . . . . . . b) ato, petimus a Wolflino et (Znoym)ero predictis, quod ulteriores ipsis darent inducias causa nostri. Qui nostris beneplacitis assencientes in hac parte terminum supradictum usque ad festum Purificacionis s. Marie nunc proxime affuturum taliter prorogarunt, quod. in eodem die ipsis per predictos debita prenotata plenarie et integraliter persolvantur vel quod ipso die festivo Purificacionis s. Marie predicti supradictam civitatem Pragensem subintrent ab ea nullatenus recessuri, quousque ipsis Wol(flino) et Znoy(mero) de debito supradicto sit plenarie satisfactum. Si vero adveniente festo Purificacionis s. Marie prefato idem domini e) videlicet episcopus et Johannes de Sunnenwalt d) eadem debita ipsi Wol(flino) et Znoy(mero) non persolverint aut ipsam civitatem neglexerint subintrare, in hoc promissa sue fidei violando, promittimus e) fide data, quod tunc eisdem Wol(flino) et Znoy(mero) supradicta debita totaliter persolvere et nunquam terras nostras intrabimus, quousque predicta pecunia sit eis integraliter persoluta. In cuius rei etc. ¹)

Fol. 80 c

104.

*Pachtvertrag zwischen einem Bürger oder Ritter und einem Domherrn (Heinrich) über ein diesem gehöriges Dorf mit genauer Angabe der Pachtdauer, des Pachtschillings und des Fundus instructus. Prag.*

Ego N. civis vel miles *de tali loco* scire cupio universos presentes litteras inspecturos, quod ab honorabili viro H(enrico) Pragensis ecclesie canonico villam sive curiam talem, sitam prope villam, que vocatur N., a festo sancti Martini proxime nunc affuturo usque ad sex annorum continue numerandorum spacium possidendam et fruendam conduxi pro septuaginta octo marcis argenti f) Pragensis ponderis sibi pro me in g) omnem eventum in subnotatis terminis persolvendis. Dabo enim sibi (sic) in festo s. Martini primi anni quatuordecim marcas h) argenti et in festo sancti Galli secundi anni tredecim marcas argenti ac in quolibet festo sancti Galli residuorum annorum quatuor immediate sequencium duodecim et dimidiam marcas argenti et ponderis supradicti eidem domino canonico Pragensi omni excepcione seu difficultate rele | gata vel remota persolvam, eo excepto, quod si regnum Bohemie per generalem guerram, si quam in regno moveri i) contingeret quod absit perturbaretur in tantum, ut nequaquam, quantumcumque eisdem sollicitus et intentus, possem colere curiam ad hereditatem eandem spectantem vel pronotatam et nullum fructum ex eadem curia possem k) consequi, extunc prefatus dominus Henricus, postquam de hoc plenam sibi fecerim fidem, me de pensione illius temporis, infra quod impedimentum sive

Fol. 80 d

---

a) Hier muss ein oder vielmehr müssen einige Worter ausgefallen sein, da die Stelle keinen Sinn gibt. Es dürfte zu lauten haben: terram ecclesie sancti Nicolai cum residentibus. S. übrigens den Text der nächsten Nummer. — b) Die ausgebrannte Stelle: zu erganzen: in termino prenotato. — c) Cod.: dominis. — d) Cod.: Johannes de Fund. — e) Cod.: promittamus. — f) Cod : argenti et. — g) Cod : et omnem eventum. — h) Cod : quatuor marcarum. Die Rechnung stimmt bis auf eine Mark, wenn man quatuordecim setzt; decim ist offenbar ausgefallen. — i) Cod.: si quam in Christo mori. — k) Cod.: seu consequi.

¹) Gregor von Hasenburg dürfte sowohl im ersten Jahre seines bischöflichen Amtes, das er seit 12. Juni 1296 inne hatte, grosse Auslagen gehabt haben, als auch im zweiten, wo die Krönung Wenzels stattfand und ein ausserordentlicher Prunk entfaltet wurde.

84

turbacio huiusmodi perdurabit, supportatum habebit, hoc eciam expresso, quod si (in) a) aliquo festo sancti Galli predictorum sex annorum vel finaliter in sex septimanis ipsum festum sancti Martini immediate sequentibus eidem domino H(enrico) pecuniam superius expressam non persolverim, extunc ipse dominus Henricus liberam habeat facultatem locacionem rescindendi predictam et se statim intromittendi de villa b) memorata ac de cultura per me ibi facta seu impensa ac de seminibus (et) c) aliis rebus quas impenderet d) in eadem curia suis usibus applicandis, ita quod ego racione census neglecti cum nomine pene, quam quidem penam quantum ad hoc sponte subire promitto et accepto, perdam operam et impensam, quas feci circa curiam supradictam, hoc adiecto, quod si semina alius curie ac alie res mee curie, que inveniuntur in curia, non essent e) tunc tanti valoris sicut census illo tempore persolvendus, extunc nichilominus ad supplecionem illius census ero sibi harum testimonio literarum obligatus. Argentum vero predictum illius puritatis et valoris est, cuius est illud argentum, quod domino regi predicto f) a civibus ipsius regni in census tunc temporis communiter persolvetur g), preterea curiam sepedictam cum omnibus edificiis in eo existentibus videlicet duobus cellariis lapideis et desuper pulchris ac bonis edificiis, videlicet stuba h), camara, palacium nec non i) tribus horreis, domo agricolarum, stabulis ac suppellectilibus, scilicet aratris, pectinibus cum clavis ferreis ac aliis, quecunque mihi sunt assignata, per ipsum Henricum transactis sex annis predictis in eo statu ac valore, in quo mihi nunc sunt assignata, vel in meliori resignare ac restituere omni excusacione cessante compromitto, eo tamen cauto, quod si, ut predictum est, in regno Bohemie generalem guerram moveri contingeret k), et preter omnem culpam seu negligenciam meam vel meorum predicta curia manu potenti, cui nequaquam possim resistere per l) incendium vastaretur, extunc de edificiis taliter devastatis eidem magistro Henrico (promitto) m), quod villam predictam ad curiam spectantem omni qua potero diligencia custodiam nec aliqua ligna ex ea vendam vel alio quocunque modo distraham, nisi quantum per emendacionem curie sepedicte fuerit opportunum, promitto quoque, quod si n) in fine ultimi anni predictorum sex annorum (in) o) omnes agros curie supradicte fuerint yemalia seminanda, videlicet cum campum ipsius curie meis laboribus excolam et expensis, ita quod sibi ad usus suos semina yemalia seminentur. Ad hoc presencium literarum serie (et) tenore recognosco, quod sepedictus magister Henricus in principio locacionis presentis michi duodecim marcas argenti Pragensis ponderis et argenti p) depurati ad informandam curiam predictam mut(u)avit ac reliquit mihi in eadem curia H(enricus) oves et boves sibi (?) q) ... ante festum sancti Michahelis. Quam quidem pecuniam nec non quadraginta oves et boves ante festum sancti Michahelis ultimi anni sex annorum predictorum in omnem eventum et cuiusmodi difficultatis scrupulo proculmoto restituam, ut ex ipsa pecunia eandem pro se informet curiam tam in seminibus quam in aliis que Fol. 81 b fuerint oportuna. Super restituendis quoque prefatis duodecim marcis | r) ac quadraginta ovibus sup . . . . . . . s) magistro H(enrico) Conradum dictum Znoymer generum Conradi dicti Recheri civem Pragensem fideiussorem constitui, ita quod uterque nostrum ante festum sancti Michahelis ultimi anni predictorum sex annorum eandem pecuniam atque oves sibi restituere t) in solidum teneatur. Quam quidem fideiussoriam obligacionem prefatus u) condictus Znoymer spontanea voluntate subivit. Hec autem omnia supradicta fide data promitto efficaciter adimplere; et ne super premissis aliqua in posterum dubietas oriatur, presentes scribi feci litteras et sigillo

a) fehlt. — b) nach villa folgt nochmals sive de villa. -- c) fehlt. — d) Cod.: impendere. — e) Cod.: non enent. — f) Cod.: predicti. Es ist aber bisher der König nicht genannt worden. Der Schreiber meinte: tali. — g) Cod.: persolventur. — h) Cod.: stucta. — i) Cod.: in eterno. — k) Cod.: continget. — l) Cod.: pro. — m) hier fehlt ein Stück oder wenigstens ein Wort: promitto, wie auch in dem Folgenden. — n) Cod.: quoque sibi quod in. — o) fehlt. — p) argenti dico. — q) fehlt ein Wort. — r) Cod.: marcas. — s) die ausgebrannte Stelle. — t) Cod.: restuat. — u) Cod.: prefatas.

civitatis Pragensis procuravi muniri in evidens testimonium veritatis. Actum in Praga anno domini etc.¹)

### 105.

*Vertrag über den Ankauf eines Streitrosses, geschlossen zwischen H. und dem Prager Bürger Berthold unter der Mithaftung des Johann und N. von Janowicz. Unvollständig.*

In noticiam singulorum *a*) tam presencium quam eciam futurorum pagine seriem preiacentis (inspecturis notum sit) *b*), quod H. *talis loci* eminus rite et racionabiliter in presencia testium subscriptorum erga *c*) Bertholdum *d*) civem Pragensem unum dextrarium pro quadraginta tribus marcis argenti depurati sibi in ipso limite empcionis alium dextrarium pro predicta pecunia obligantes, hiis condicionibus annotatis sive sub hac forma, quod si idem dextrarius infra hoc tempus per fures aliquo(s) *e*) sublatus fuerit aut per quemcunque alium casum fortuitu in stabulis, in quibus suum *f*) receperit nutrimentum, aut eciam in via, qua ducitur ad aquandum, interitum aut mortem receperit, non minus *g*) antedicto B. in pecunie summa sepius memorata tenebimur respondere. Quam quidem pecunie summam mediam in ipso die sancti Jacobi apostoli proxime a data presencium venturo predicto B. solvere et assignare promittimus una cum domino Johanne *h*) et domino N. dictis de Janowicz manu congregata ac *i*) eciam fide data; quod si non fecerimus, extunc promittimus et presentibus prostestamur, dextrarium quem supradicto *k*) B. obligavimus, nos primo et principaliter amisisse ac eciam simpliciter perdidisse et in ipso die proximo *l*) post diem | . . . . . . . . . . *m*) civitatem Pragensem cum nomine . . . . . *m*) ingredi et Fol. 81 c intrare tenebimur domum, quamcunque nobis sepedictus B. disposuerit et ostenderit, nunquam ab eadem exituri, nisi pecunia sepius memorata totaliter ac plenarie fuerit persoluta. Alteram vero medietatem sive partem pecunie pluries expresse sepedicto B. in Nativitate beate virginis proxime pretactum terminum solucionis sequente nos solvere et assignare promittimus manu congregata ac fide data, non obstante eo videlicet quod si inclitus rex vel ²) aliquis. *n*) . . .

---

*a*) Cod.: sigillorum. — *b*) Die eingeklammerten Worte fehlen. — *c*) Cod.: ergo. Richtiger a oder apud. — *d*) Cod.: Bertholdus. — *e*) Cod.: aliquo . . . . . autem per. — *f*) Cod.: sum. — *g*) Cod.: nomius. — *h*) Cod.: Johanni. — *i*) Cod.: act. — *k*) Cod.: supradictos W. — *l*) Cod.: proxima. — *m*) Die ausgebrannte Stelle. — *n*) Das Weitere fehlt.

¹) Zwei Domherren Heinrich werden, der eine als plebauus ecclesie s. Marie Tyneusis Pragac canonicus et decanus eccl. Wissegradensis (s. Nr. 12) zu den Jahren 1302—1308, der andere (Sohn des Sturm) als can. eccl. Prag. et Olomuc. in den Jahren 1303—1305 erwähnt. Zu Konrad Znaimer s. Regg. Boh. II, 226, 675, 812 (da tritt er als zweite Person nach dem Richter auf). Urk. v. 9. Aug. 1301 und 1207. Statt Recher wird Rechter zu lesen sein. Fridlin und Nicolaus Rechter werden 1300—1306 als Prager Bürger genannt. — ²) Ein Johann v. Janowitz erscheint in einer Urk. vom 23. April 1290, s. Regg. Boh. II, 645.

# Personen- und Ortsverzeichnis.

## A.

| | Nr. |
|---|---|
| Adalbertus s. | 31 |
| Adam frater Wencesl. plebani in Grecz | 34 |
| Agnes filia sororis Mecze | 100 |
| Alba ecclesia = Weisskirchen (Hranice) | 27, 32 |
| Al..., civis | 59 |
| Albertus | 52 |
| Albertus Meinhardi | 6, 73 |
| Albertus notarius | 47 |
| Albertus plebanus in Deschein | 74 |
| Albertus Spaceman | 37, 39 |
| Andreas fr. Soběhurdi | 8, 9 |
| Andreas frater Magni | 15 |
| Anna priorissa monasterii s. Georgii in castro Pragensi | 22 |
| Argentina | 16 |
| Arnoldus civ. in Wischaw | 91 |
| Aula regia | 87 |
| Aupa s. Witigo. | |
| Austria | 55 |

## B.

Babarus sartor . . . 6
Bachim de Veneciis . . . 64
Badianus canon. Wissegradensis . . . 12
Bartholomeus decanus Wissegradensis . . . 25, 47
Bavarus de Strakonicz . . . 49
Benessius de Wartemberg . . . 56, 78, 81
Bernhardus fil. Witkonis . . . 33
Bernoldus civ. Prag . . . 50
Bertoldus civ. Nov. Pilznae . . . 86
Bortoldus civ. Pragensis . . . 105
Bezchefer notarius Purkhardi de Maydburch . . . 88
Billungus civ. Prag . . . 60, 65
Blecwicz villa . . . 45
Blozerus s. Ulricus.
Bohemia 1, 2, 4, 10, 12, 20, 21, 22, 23, 24, 25, 26, 27, 28, 29, 30, 32, 35, 70, 71, 72, 74, 75, 77, 79, 81, 82, 83, 84, 86, 100.
Bohuslaus de Wyra (Vyra) . . . 71
Bohuslaus custos . . . 25
Boleslaus dux Silesie . . . 76, 78, 81, 89
Bortenstein claustrum . . . 91
Branczuch miles . . . 5, 42
Brandeis . . . 33
Brasym villa . . . 19
Broda civitas Mor. . . . 20
Brunna . . . 100
Budecz . . . 45
Budmann Bernoldi . . . 50
Budweis . . . 85
Burchardus purchravius de Meydburch, camer. regni Boh. 10, 36, 41, 60, 71, 73, 74, 75, 76, 77, 79, 80, 84, 85, 86, 87, 88, 89, 90, 91, 92.
Buslaus de Curim . . . 73

## C.

C. prepositus in Chotiessau . . . 24
C. sartor s. Babarus.
C. de Egra, civ. Prag. . . . 5
Cargonis fil. s. Conradus.
Celpicz villa . . . 19
Chadanum . . . 90

|  | Nr. |  | Nr. |
|---|---|---|---|
| Chastraw villa | 43 | Conradus frater Jacobi Cubconis | 57 |
| Choczen | 87 | Conradus sororius Jacobi Cubconis | 56 |
| Chotieschaw monast. monial. ord. Praem. | 24 | Conradus institor | 84 |
| Christina uxor Meingoti | 64 | Conradus de Lapide | 11, 19, 92 |
| Chwalco abbas Gradic | 27, 32 | Conradus pellifex Prag | 60 |
| Chunringen de, s. Lutoldus. |  | Conradus civ. Prag. | 52 |
| Chusapi villa | 9 | Conradus Pulcher | 73 |
| Cladrum monasterium | 26 | Conradus de Ratispona | 52 |
| Cobolitz villa | 92 | Conradus Recheri | 104 |
| Conradus | 18 | Conradus de Ruczano | 60, 64 |
| Conradus camerarius | 3 | Conradus abbas de Welehrad | 26 |
| Conradus civ. Prag. | 83 | Conradus Wolflini | 15 |
| Conradus filius Cargonis | 65 | Conradus Znoymer | 104 |
| Conradus custos Prag. | 13 | Cracovia | 4, 21, 22, 28 |
| Conradus de Hablana civ. Liutom. | 12 | Cracoviensis episcopatus | 75 |
|  |  | Cuiavia | 27 |

## D.

|  |  |  |  |
|---|---|---|---|
| Daniel presbyter | 29 | Dobrabecz | 21 |
| Deschein ecclesia in | 74 | Drascauwicz villa | 9, 33 |
| Dietricus fil. Wolflini | 36 | Duba s. Henco, Hecica etc. |  |
| Doloplaz villa | 28 | Dyszlaus | 64 |

## E.

|  |  |  |  |
|---|---|---|---|
| Ebarbach s. Theodericus. |  | Eberlinus de Lapide | 19, 70 |
| Eberhardus magister monete | 1 | Egerbach s. Odocnus | 71 |
| Eberhardus magister hospitalis in Praga | 14 | Egra de, s. C. |  |
| Eberlinus civ. Budw. | 85 | Elizabeth de Turri | 73 |
| Eberlinus civ. Prag. | 11, 52, 70 |  |  |

## F.

|  |  |  |  |
|---|---|---|---|
| Faber Nicolaus | 10 | Fridericus procurator Wenceslai | 13 |
| Franciscus Bernoldi | 50 | Fridericus de Schonberch | 71 |
| Franciscus iudex Prag | 19, 73 | Fridericus scholasticus | 12 |
| Franciscus iud. Lutomer. | 80 | Fridericus de Gallis | 44 |
| Franco de Lacu | 63 | Fridlinus | 44 |
| Frenzlinus s. Nicolaus. |  | Fridlinus institor | 84 |
| Fridingerus | 50 | Fridmannus de Smayn | 38 |
| Fridingerus s. Hilmarus. |  | Frowin iud. Prag. | 3 |
| Fridericus canonicus Wissegr. | 46 | Fullenstein s. Herbordus, Theodericus. |  |
| Fridericus magister hosp. Prage in pede pontis | 16 |  |  |

## G.

|  |  |  |  |
|---|---|---|---|
| Gallis de s. Fridericus, Johannes. |  | Gerhardus archiepiscop. Mag. | 2, 82 |
| Gannel s. Nicolaus. |  | Georgii s. monasterium in castro Prag. | 22 |
| Gencz villa | 19 | Germania | 82 |

|  | Nr. |  | Nr. |
|---|---|---|---|
| Gotfridus fil. Lutoldi | 73 | Grudin | 51 |
| Gradicense monast. | 27, 32 | Guilelmus abb. Praem. | 27, 32 |
| Grecz (Gradecz, Hredicz) | 2, 13, 20, 89, 91 | Guntherus civ. Prag. | 65 |
| Gregorius mag. et canonicus, post episc. | 25 | Guta regina | 84 |
| Gregorius ep. Prag. | 25, 33, 45, 90, 103 | | |

## H.

| | Nr. | | Nr. |
|---|---|---|---|
| H. de Curim | 60 | Henslinus | 54 |
| H. scriptor | 65 | Herbordus de Fullenstein | 2 |
| Hablana s. Conradus. | | Hermanicz | 33 |
| Haranicz villa forensis = Hranicz s. Alba ecclesia. | | Hermanus advocatus monasterii de Oliva | 67 |
| Hecica de Lipa | 40, 44, 46 | Hermannus de Duba | 70 |
| Heimannus Prag. | 64 | Hermannus capellanus reg. Wencesl. | 79, 87, 100 |
| Heimannus de Duba | 38, 70, 79 | Hermannus not. cam. | 31 |
| Heinricus canon. Wissegradensis | 12 | Hermannus camer. | 39 |
| Heinricus can. Prag. | 103 | Hermannus frater ord. Hosp. | 100 |
| Henricus iudex Prag. | 52, 53, 55, 57, 61, 62, 63, 73 | Herolutz castrum et villa | 21 |
| Heinricus iud. Nov. Pilznae | 86 | Hertlinus prepos. Crems. | 88 |
| Heinricus de Lapide | 11, 19, 80 | Hillebrandus magister | 82 |
| Heinricus de Lipa | 38, 40, 44, 46 | Hilmarus Fridingeri | 6, 64 |
| Heinricus Longus | 61 | Hollessaw castrum | 7, 8, 9, 11 |
| Heinricus de Nova domo | 5, 35 | Hollessaw villa forensis | 8, 9 |
| Heinricus de Vyra | 71 | Hoy, civ. de | 61 |
| Henco de Duba | 38 | Hranice s. Alba eccl. | |

## J.

| | Nr. | | Nr. |
|---|---|---|---|
| Jacobus | 74 | Johannes de Janowic | 105 |
| Jacobus Cubconis | 56 | Johannes de Ludna | 64 |
| Jacobus Frenzlini | 73 | Johannes magister | 23 |
| Jacobus plebanus in Deschein | 74 | Johannes de Sarobe notarius | 20 |
| Jacobus Fridingeri | 50 | Johannes de Pazhano can. Wiss. | 25 |
| Jacobus Stuckonis | 50 | Johannes prepositus Wissegr. | 4, 21, 22, 23, 24, 25, 26, 27, 28, 32, 35, 36, 92 |
| Jacobus Wolflini | 6, 7, 8, 9, 15, 33, 37, 39, 46, 50 | | |
| Janowic N. | 105 | Johannes prepositus Sacensis | 45 |
| Jeclinus Sepervilleri | 84 | Johannes scolasticus | 25 |
| Inossius | 44 | Johannes de Sunnenwalt | 103 |
| Insula prope Pragam s. Ostrov. | | Johannes de Saphenburch | 12 |
| Johannes de Argentina amic. Franc. mag. Hosp. | 16 | Johannes Wolflini | 19 |
| Johannes de Gallis | 19 | Judea | 15, 18, 32, 38 |

## K. (s. auch C.)

| | Nr. | | Nr. |
|---|---|---|---|
| Kamenicz villa | 22 | Clingenberch burchravius de | 49 |
| Kamenmost villa | 45 | Culmen civitas | 58 |
| Konuatow | 79 | Kunegundis abatissa, filia regis Ottokari | 22 |
| Katerina relicta Stephani civ. Prag. | 62 | Kunegundis uxor Nicolai Frenzlini | 1 |
| Klabrub villa | 4 | Kunegundis relicta Bernoldi | 50 |

## L.

| | Nr. |
|---|---|
| Lacu de s. Franco. | |
| Landberch dom. de | 55 |
| Lapide s. Conradus, Henricus, Petrus. | |
| Lignicz | 76 |
| Lipa s. Henricus | 38 |
| Litovia | 72 |
| Liutomer. civ. | 60 |
| Liutomyslense ministerium | 4 |
| Liutoldus de Turri | 73 |
| Longus Henricus | 61 |
| Luchtenburch s. Reimundus. | |
| Ludwicus de Maideburch | 81 |
| Lupus de Donicz | 44 |
| Lutoldus de Turri | 50, 73 |
| Lutoldus de Chunringen | 56, 57 |
| Lutoviens. hosp. | 72 |

## M.

| | Nr. |
|---|---|
| Magdeburch | 77 |
| Magnus H. | 15 |
| Margaretha Rockzanerissa | 63 |
| Marsico sacerdos | 64 |
| Marquardus famil. Gerhardi archiep. Mag. | 82 |
| Martinus | 41 |
| Matheus de Egra | 5, 40, 41, 42, 43, 45, 51, 52, 62 |
| Matheus magister, capellanus mon. Sti Georgii in castro Prag. | 22 |
| Mathias de Nigromonte | 28, 38 |
| Meingotus de Rokyczano | 64 |
| Meinhardus Roczaneri | 63 |
| Meinhardus fil. Ulrici civ. Prag. | 64 |
| Meinhardus Wolffini | 6, 61 |
| Merclinus sororius Rudlini de Patavia | 3 |
| Michahel | 3 |
| Mons Syon (Strahow) | 32 |
| Myrco | 49 |
| Misna | 75 |
| Moravia | 1, 2, 4, 20, 22, 23, 27, 28, 29, 32 |
| Muslinus iudeus | 69 |

## N.

| | Nr. |
|---|---|
| Nicolaus papa IV. | 13 |
| Nicolaus dux Oppaviae | 14, 21 |
| Nicolaus Faber | 10 |
| Nicolaus Frenzlinus | 1 |
| Nicolaus Gaunel | 19 |
| Nicolaus filius Henrici Longi | 61 |
| Nicolaus Kseller | 90 |
| Nicolaus notarius | 37, 39 |
| Nicolaus pleb. in Srekendorf | 29, 30 |
| Nicolaus Radost | 18 |
| Nicolaus de Turri | 52, 70 |
| Nicolaus fil. Stephani civ. Prag. | 62 |
| Nicolaus Tavelrungen | 64 |
| Nigromonte s. Matthias | 28 |
| Nova domus s. Henricus, Ulricus. | |
| Nova Pilzna | 86 |
| Novum castrum s. Nova domus. | |
| Nozzel villa (Wessele) | 1 |

## O.

| | Nr. |
|---|---|
| Odolenus de Egerbach | 71 |
| Obuissewicz villa | 26 |
| Oliva | 67 |
| Olmütz (Olomuncz) | 20, 32, 34 |
| Olomucense castrum | 38 |
| Olomucensis moneta | 20 |
| Olomucensis provincia | 20, 27 |
| Oppavia | 13, 21, 70 |
| Ostrow=Insula | 20 |
| Otakarus rex Boh. | 20, 29 |
| Otto march. Brand. | 89 |
| Otto frater Meingoti civ. Prag. | 64 |

## P.

| | Nr. |
|---|---|
| P. nobilis | 73 |
| Pametic villa | 4 |
| Patavia | 3 |
| Petrus filius Jacobi Cubconis | 56, 57 |
| Petrus de Lapide | 3, 19 |
| Petrus Schefflerus | 65 |

| | Nr. |
|---|---|
| Petrus scriptor | 64 |
| Petrus praepositus Cremsiriensis | 88 |
| Petrus prepositus Brunnensis | 36, 70 |
| Petrus prepositus Wissegradensis | 12 |
| Pilzna | 75 |
| Pirn | 92 |
| Placena civitas | 49 |
| Podiebrad | 90 |
| Polonia | 101 |
| Pomok fratres de | 64 |

| | Nr. |
|---|---|
| Popringe | 36, 40 |
| Praga | 2, 3, 5, 6, 7, 8, 10, 11, 12, 13, 14, 18, 19, 20, 22, 28, 31, 33, 35, 36, 39, 40, 41, 42, 44, 46, 47, 49, 50, 51, 53, 55, 56, 57, 62, 64, 65, 70, 71, 73, 83, 84, 100, 103, 104, 105. |
| Premonstratium monasterium (Prémontré) | 27 |
| Pribislaus | 49 |
| Procopius episc. Crac. | 85 |
| Protiva de Dobrabecz | 21 |
| Pulchra institrix | 84 |

## R.

| | | | | |
|---|---|---|---|---|
| Raczko (?) abbas Cladrun. | 26 | Rokyczan s. Melngot. | | |
| Radost s. Nicolaus. | | Ruczano s. Conradus. | | |
| Rapoto magister decretorum doctor prepositus Tyneusis | 14, 45, 47 | Rudlinus de Patavia | 3 | |
| | | Rudlinus Holli | 44 | |
| Ratimirus civ. Prag. | 73 | Rudmannus famil. regis | 64 | |
| Reimundus de Luchtenburg | 38, 44, 46 | Rudolfus cust. Prag. | 13, 14 | |
| Reindlinus | 60 | Rulco | 90 | |
| Reinherus | 37, 39 | Rumen | 23 | |
| Reuma de s. Wencesl. | | | | |

## S.

| | | | |
|---|---|---|---|
| S. (?) abbas in Cladrun monasterio | 26 | Simon magister s. Hospitalis | 72 |
| S. abbatissa in Choteschaw | 24 | Simon Stucko | 6 |
| S.... prior | 100 | Sion mons. | 32 |
| Sacensis provincia | 37, 39 | Smayn s. Fridmaunus. | |
| Sacensis civitas | 70 | Spaceman s. Albertus, Nicolaus. | |
| Salutoviensis civ. | 35 | Soběhrd de Hollessaw | 7, 8, 9, 11, 34 |
| Sandomiria | 4, 21, 22, 23, 38 | Srekendorf | 29, 30 |
| Sandebusa civit. | 78 | Stephanus civis Prag. | 62 |
| Sandow | 91 | Stoppicz villa | 62 |
| Saphenburg s. Johannes. | | Strakonicz s. Bavarus. | |
| Sarobe s. Johannes. | | Strahow s. Mons Syon. | |
| Schonberg s. Frid. | | Stucko s. Jacobus, Simon. | |
| Seborius Al. Witkonis | 33 | Suaviens. civ. | 80 |
| | | Swabenicz s. Witigo. | |

## T.

| | | | |
|---|---|---|---|
| T. plebanus in Kulmen | 58 | Theodericus Wolflini | 19, 36, 37 |
| Tasso | 28 | Tobias ep. Prag. | 4, 22, 30, 31 |
| Tavelrungen s. Nicol. | | Tobias de Bechin | 36, 41, 43, 71 |
| Theodericus episcopus Olom. | 2, 7, 8, 9, 31, 32, 34, 71, 74. | Toplicensis abbas | 24 |
| | | Turri de s. Lutoldus, Nicolaus. | |
| Theodericus de Ebarbach | 18 | Tuto civ. de Egra | 52, 58 |
| Theodericus de Fullenstein | 2, 13, 14 | Tyn | 47 |

## U. V.

| | Nr. |
|---|---|
| Ubal villa | 19 |
| Ulricus prepositus eccl. Prag | 14 |
| Ulricus de Nova domo | 12, 79 |

| | Nr. |
|---|---|
| Ulricus Plozerus (Blaser) | 71 |
| Ulricus Zugerine. | |
| Vitus s. | 31 |

## W.

| | |
|---|---|
| Walterus | 19 |
| Weitra | 56 |
| Welegrad | 28 |
| Wenceslaus s. | 31 |
| Wenceslaus I. rex Boh. | 1 |
| Wenceslaus II. rex Boh. 1, 2, 4, 20, 22, 23, 25, 26, 28, 29, 30, 70, 72, 79, 81, 63, 84, 65, 87, 69, 9 ), 91, 92. | |
| Wenceslaus canonicus Wissegr. | 28 |
| Wenceslaus capellanus reg. Wencesl. II. | 25 |
| Wenceslaus magister et plebanus in Grecz 2, 13, 14, 25, 28 (?), 33. | |
| Wenceslaus de Reuma | 16 |
| Wernherus fil. Joh. | 16 |

| | |
|---|---|
| Wienna | 53 |
| Wislienses sales | 35 |
| Wissegradum | 25, 47 |
| Wishow | 91 |
| Witigo de Aupa, Hermanicz et Swabenicz 8, 9, 11, 29, 33 | |
| Wokow villa | 4 |
| Wolflinus s. Conradus, Jacobus, Johannes, Meinhardus, Theodericus. | |
| Wolflinus camerarius | 19, 37, 103 |
| Wolfradus | 16 |
| Wolframus famil. | 75 |
| Wolframus civis Pilz | 86 |
| Wyra s. Henricus. | |

Y.

Ypra . . . . . . . . . . . . . . . . . . 33, 36 62

## Z.

| | |
|---|---|
| Zderas mon. | 45 |
| Zesema de Braudeis | 33 |
| Zibsin villa | 19 |

| | |
|---|---|
| Zobehurde s. Sobéhrd. | |
| Znoymerus | 163, 104 |
| Zugerine s. Ulricus. | |

✦✦